自分の「得意」を鍛え抜こう

本書は、『フードビズ』（小社刊行、私が主幹）の巻頭言で書いたものをまとめたものです。

コロナ禍の真っ只中の外食の大混乱期に書いたものが大半ですが、さすが外食をウォッチングして半世紀を過ごしただけのことはある。一本筋が通っている、と自分ながら感心しています。

実は、筋が通っていない文章は、削除しただけなのですが…。

そして、こうしてまとめてみると、「古臭いぞ、私は」ということも、しみじみと感じます。

コロナ禍で、オフプレミス（テイクアウト、デリバリー、ドライブスルー）

の市場が一気に膨れ上がりました。そして、オフプレミスのお客をしっかり取れるファストフード、ファストカジュアルが一大飛躍を遂げました。お客もコロナの中で、簡単に素早く食事をする傾向が強まっています。テーブルサービスレストランは、だいぶ影が薄くなりました。

が、古臭い私はテーブルサービスの味方です。

自分で食材を調達して、準備をして、お客が来るのを待つ。来店したお客の注文が入ったら、手際よく、技を生かして料理をつくる。そして、きれいな盛り付けをして、即お客のテーブルに運ぶ。

これこそが、外食業の本来の姿なのではないか、という強い確信を持っています。

チェーン店でも、自分で食材を調達する、自分で（CKで）加工する、自分で店に運ぶ、そして、最終調理をきちんと店でやる。これを脇目もふらず、やり続けているところが好きです。

外食業は、調達からの全工程を、自分でやることで、価値を生み出すビジネスです。それなのに、今は全工程の外注化が進んでいます。食材の調達は商社まかせ、一次加工もメーカーに外注、運ぶのも他人まかせ、店での最終調理はほぼゼロ。サービスもロボットまかせ。こんなテーブルサービスチェーンが増えています。

もはや、テーブルサービスとは言えないほどに、テーブルサービスは本来の姿からかけ離れてしまっています。

ファストフードやファストカジュアルが、オフプレミスの市場獲《ど》りに走るのは、当然です。オフプレミスが本来のビジネスの形なのですから。それを追求しても、業態が崩れることはありません。

テーブルサービスは、ファストフードに比べると、効率は悪いし、なかなか高い生産性を確保することはできません。

でも、こっちが本来の外食の形なのであって、ファストフード、ファストカジュアルは、本質的に物販業なのです。

そちらがいくら好調で、勢力を伸ばしているからと言って、その物販業の真似をしたら、テーブルサービスは崩壊して、その真価は消えてしまいます。

まずは、テーブルサービスのあるべき姿を取り戻すことです。

調理とサービスに、訓練された人を配置する。そして、ファストフードやファストカジュアルでは出せない、価値の提供に努めることです。

アメリカでも、ファストフード、ファストカジュアルが勢力を伸ばしていますが、テーブルサービスは元気なところは元気です。強いテーブルサービスに共通していることは、

・独自の看板商品を持っている。
・店に調理のプロがいる。
・店にサービスのプロがいる。

この3つを押さえて、ファストフードやファストカジュアルとは一線を画《かく》して、自分の領域をしっかりと確保しています。

自分の得意な領域は何なのかを知り抜いて、その領域での強さをさらに強めた外食業は、生き残るどころか着実に成長しています。

日本の外食業に対しても、私は、「自分の得意に戻りましょう」と強く訴えたいのです。

本書で、いちばん伝えたかったことは、これです。

『フードビズ』主幹　神山　泉

CONTENTS

前書き　自分の「得意」を鍛え抜こう …… 002

1　日本の外食に欠けているもの、それは、「共苦」の精神 …… 012

2　テーブルサービスは、イートインのお客の満足を高めることに専心すべきだ …… 020

3　「看板の1品」を持たない店は見向きもされない時代に入った …… 030

4　固い岩盤を打ち砕ける「1品」を持たなければ、チェーンは成功しない …… 040

5　生産性の過度の追求が、外食の多様性とダイナミズムを殺してしまう …… 050

6
「食品ロス」と「長時間営業」。
この2つで、外食業はヤリ玉に挙げられる 060

7
テーブルサービスのサービスレス化で
ますますファストフードにお客を奪われている 070

8
オフプレミスとリモートに
頼り過ぎた外食は、立ち直れない 080

9
経営トップが引きこもりで、
お客は外出してほしい。虫が良すぎる話だ 090

10
値上げしても、サービス力を強化すれば、
客数減を抑えられる 100

CONTENTS

11 テクノロジー武装で激しく進む、テーブルサービスの業態変質……110
12 「安くていい食材」なんて、もうこの世には存在しない……120
13 メニュー拡大と価格帯の間延びで、「何屋」だかわからなくなっている……130
14 値上げに臆病になろう。主力商品1本で戦う覚悟を持とう……140
15 スキマバイト 派遣依存で、人材育成の土台が腐り始めている……150

16 アメリカには、ロボットはいなかった。お客の嫌がることはしない …… 160
17 もう一度、噛みしめよう。チックフィレの9つの深い格言 …… 170
18 業態力がない店は、客単価が乱高下する …… 182
19 なくなると本当に困るという外食業のなんと少ないことよ …… 192
20 値上げすれば、働く人の待遇が改善される、はウソ …… 202

1

日本の外食に欠けているもの、それは、「共苦《きょうく》」の精神

生産者も周辺業界も塗炭《とたん》の苦しみにあえいでいる

コロナ禍において、TVや新聞の報道も、個人経営の飲食業の経営者たちが追いつめられていて、可哀想、という視点での報道に偏《かたよ》っている。

しかし、苦しいのは小規模店ばかりではない。大手も同じだ。内部留保はどんどん小さくなっているし、巨大な雇用を抱えているだけに、もしひっくり返りでもしたら、社会的影響は測り知れない。

雇用のダムが決壊したらどういうことになるのか。それへの想像力が、現政権にはなさすぎる。

さすがに「これはまずい」と思ったか、1月18日（2021年）、小池百合子都知事は、方針転換を発表。大手企業の店舗にも、1店6万円の協力金が出ることになりそうだ。何もかもが、後手後手《ごて》の対応だ。

そしてもうひとつが、外食業をとりまく周辺業界の苦境である。

ここに来てようやく、報道にも取り上げられるようになったが、その苦境がこれまでほとんど報じられてこなかった。

TVのニュースを観ていて、「あれっ」と思ったことがあった。

都内のイタリア料理店の主人が、「うちは時短要請に応じない。通常どおりの営業時間でやる」と発言していたのである。

こういう番組は、「仕方ありませんね」という発言と、この主人のように「応じない」をバランス良く配置して、〝中立的〟構成をするもので、「応じない」発言も特段耳新しいものではない。

しかし、そのとき店の主人が、「うちに納めてくれている八百屋、魚屋、肉屋も大変です。

彼らのためにも頑張らなければ」と言ったのである。

私は心の中で詫びた。「まわりの業界のことにとんと関心を払っていなかった。周辺業界も火の車だというのに、外食業にばかり応援のエールを送っていた。すまない！」と。

食品メーカーにしても酒類メーカーにしても、業務用といわれる部門は、外食業の下降と連動して売り上げをつるべ落としに落としている。メーカーは、もう一方に一般向けという巨大な市場を持っているから、まだいい。

業務用専門の卸し問屋などは、相手は外食業と食品小売業だけであって、もともと利幅が極度に小さい業界だから、たちまちにして赤字転落だ。

野菜にしても、肉にしても、魚にしても、生産者も厳しい。外食業はふだんは生産者はパートナー、しっかりとスクラムを組んで…などときれい事を言ってきたが、この時期必要としないものを買うほどの余裕などはない。自分に降りかかる火の粉を振り払うことで精一杯である。

周辺業界だって、外食の窮状はどこよりもわかっていて、「ヘルプミー」とは言えない。

しかし、外食業の側から、「苦しいですが、共に何とか頑張りましょう」という発言があったか。いや発言というよりは、意識である。

「共苦」の意識があったか。周辺業界を仲間として位置づけてきたか。

苦しい時の友こそ真の友、という言葉があるが、周辺業界を「友」と思ったことがあったか。

わずかな例外として、生産者、加工業者と手を組むということはある。太いパイプでつながり、両者は対等である、というケースは（そう多くはないが）ある。

しかしあとは、取引き業者である。できるだけ安いところから買う。もっと安いところが出れば、乗り換える。

買ってやっているのだから、こっち（外食業）が優位なのは当たり前、という考えである。

そこには、イコールパートナーという対等意識はない。

「共苦」を忘れたコストカットは、自らの死を早めるだけだ

「いや、うちは年に2回は全業者さんに集まっていただいて、そこで自由に意見を交換し合って、結束を固めています」、と胸を張る経営者がいるが、とんだ考え違いである。

その業者会で自由な意見の交換なんかが生まれるはずがない。ただのご機嫌うかがいの場である。そこで親睦《しんぼく》が生まれたと、外食企業の経営者が考えているとしたら、よほどモノがわかっていない経営者である。

この業者会の唯一のメリットは、閉会後に同業者が集まって、一杯やりながら、情報交換ができることであり、恨み節、嘆き節の吐露《とろ》ができることであり、談合めいた内々の話ができることである。

つまり、主宰した外食企業にとっては、一利もないのである。

私は、イコールパートナーを持つべきだ、周辺業界と共苦できる間柄になるべきだ、と言っているのは、きれいごとを主張するためではない。

そうしたほうが結局、外食業が強くなるから言っているのだ。

単純な話、「周りが敵だらけ」よりも、「周りに味方が多い」ほうが、経営環境は格段によくなる。第一に、孤立していない、仲間がいる、と思うだけで、精神状態がよくなるではないか。

外食業というのは、単独ではイノベーションを起こしづらい業界である。

仕組みとしてのイノベーションも、ファストフードという業態を開発したマクドナルド、KFC、テーブルサービスで生産性を極限まで高めた牛丼の吉野家、そして回転ずし、世界レベルで、そして歴史的に見ても、それくらいしか思いつかない。

これも販売方法の革新であって、他の業界でやっているような、ビジネスの中身をごっそり変えてしまうイノベーションとは、ちょっと違う。

外食のそれは、改善であり、周辺業界のイノベーションの採用であり、融合である。

それが悪いと言っているのではない。もともとそういうビジネス分野なのだ。

つまり、周辺の業界と固く手を結び、彼らが生み出すイノベーションに過不足のない目配りをし続けていなければ、進化できないビジネス領域なのである。

イコールパートナーとして良き関係を築き続けていなければ、たちどころに業態劣化を引き起こし、競争力を失うことになる。

別の言い方をすると、共苦の精神を持っていないと、生存できないビジネスなのだ。

私はビジネスは、どんなビジネスであっても、運が半分だと思っている。いいときもあれば、悪いときもある。

コロナは外食全体に大打撃を与えているが、業種・業態・立地によって、その衝撃度にずいぶんな差がある。天と地の開きがある。

風前の灯《ともしび》の外食店がある。あるどころではない。ほとんどの外食店が、塗炭の苦しみにあえいでいる、と言っていいだろう。個人店もチェーン店も変わらない。

より状況の厳しい店に、共苦の心を持ったことがあるか、自分のことで精一杯のところが大部分であろうが、精一杯でも、「助けることがあったらやってみよう」と考えられれば、ほんのわずかであっても、全体の状況は好転する。その心が結束すれば、ひとつの力となって、もっと大きな変化が生まれるはずである。

その共苦の心を、外食業の周辺業界に、ほんのわずかでも向けてみることはできないだろうか。

できるはずである。

それは繰り返すが、寄り添う心とか慈悲の心からといった、情緒的な意味でそうしろと言っているのではない。外食業が生き延び、強くなり、豊かになるためには、共苦が必須だから、私はこう言っているのだ。

今、どこの外食業も死に物狂いのコストカットを強行している。

できることは何でもやるべしと語っている私は、そのこと自体を非難するつもりは、毛頭ない。

しかし、共苦を忘れて、イコールパートナーを死の淵に追いやるようなことは、断じてやってはいけない。

それは、結局自らの首を絞めることになる。


（2021年1月）

2

テーブルサービスは、イートインのお客の満足を高めることに専心すべきだ

自分では汗ひとつかかない外食〝支援〟業

こういうときだから出来ることは何でもやるべし、と確かに私は言った。言ったことは言ったが、そこまでやっていいって誰が言ったか、と言いたくなるような商売もずいぶん出てきている。

そのひとつが、ゴーストレストランというやつだ。名前からしておぞましい。アメリカではコロナが始まる前から出ていて、一部で注目されてはいた。3年前私もそのいくつかを見学もした。

ゴーストレストランにもいくつかの種類がある。

私がとくに嫌だな、と思ったのは、20も30もブランドを開発して、それを外食のとくに力の弱い個人店に売り込むという商売だ。

ブランドを買った店は、そのブランドを店前に掲げることができる。本部からは下処理されて下味のついた食材が送られてくる。デリバリーの注文が入れば、それを使って自分の店のキッチンで調理をして、配送員に渡す。それで売り上げが立つ。デリバリーのネットワークは、本部がつくったものを活用する。

それぞれのブランドがバーチャルチェーンになっているから、いくつかのブランドを買えば、そこそこの注文が入ってくる。

本部は、全国の繁盛店の人気商品を引っ張ってきて、ブランドを立ち上げる。そして、レシピをつくって、下味つきの食材を加盟店に売る。卸売り業である。

そのバーチャルチェーンの元締めの経営者が、TVで「ローカルの隠れた商品を、全国の消費者にお届けしたい」などと、もっともらしいことを得々と語っていたが、それならば、希望者にレシピを教えてあげればすむことではないか。特別の食材を使っているわけではないのだから。

　卸しと言ったって、レシピ開発も初めのうちは自分のところでやっていたが、じきに外注化。食材の製造、配送ももちろん外注。ブランド開発はさすがに自社でやっているようだが、これだってどこぞの広告代理店にでも頼めば、ホイホイと受け負ってくれるだろう。

　もちろん、デリバリーも、専門会社に丸投げである。

　この会社のやることは、ブランドの集積体をＳＮＳに流して、加盟希望者が網に引っかかってくるのを待つだけなのである。

　外食業というのは、自分で智恵を絞って商品を生み出し、汗水をたらして調理して、熱々、出来立てを素早く、心温まるサービスで提供するものである。

　その場でつくって、その場でお客に食べていただく、ここに外食の本分と価値がある。

　ファストフードとなると、テイクアウトを主軸に置いているから、商売の中身がちょっと違ってくるが、それでも、その場でつくって、というところは、他の外食業と変わらない。

先のバーチャルビジネスは、外食支援業ということになるらしいが、ＳＮＳを活用するだけで、どの部分でも汗を流していない。汗ひとつかかずに、支援業とは言いも言ったりである。

こんな汗を流さない会社を頼りにする外食業（主に個人店）があることが不思議だが、利用した店はコロナが収まっても、借りてきた複数ブランドの集約店としてやっていくつもりなのだろうか。心配である。

それよりも、自分の得意とする商品にさらなる磨きをかけ、来店してくださるお客の満足を高めることに、一意専心《いちいせんしん》したほうが、生き抜くことにつながるのではないか。

他店の主力メニュー導入は、自店の弱さをさらけ出すだけ

チェーングループの間でも、ゴーストに取り組んでいるところが増えてきている。

すかいらーくは、から好しを（主として）ガストに引っ張り込んで、ガストの売り上げアッ

プを図ることに、いたく熱心だが、この戦略行使がガストのへたりを満天下に知らしめているのだ、ということに、気がつかないのだろうか。

予想通り、と言うか、案の定と言うか、ガストのイートイン客数は減る一方である。

何度も言っているが、イートインの客数こそがテーブルサービスの実力の唯一のバロメータである。

まあ、ガストは「うちはもうテーブルサービスのチェーンじゃないよ」と、半ば公言しているのだから、これからも何でも取り込む業態に、どんどん変身していくことだろう。

コロナ後にどういう姿になるのか、しっかりと見守り続けることにしよう。

もうひとつ、まったく別経営同士のチェーンがメニューの交換をする動きが出てきている。

Aチェーンの主力メニューをBチェーンで売り、Bチェーンの主力メニューをAチェーンで売る、というバーターである。

どういう料簡《りょうけん》で、そんなことをするのか。そこがわからない。

それぞれのチェーンの売り上げが伸びるという、希望的な観測に基づいての導入なのであろうが、ことはそううまくは運ばない、と思う。

それぞれのチェーンのメニューは、主力メニューとサブメニューの精妙な組み合わせによって、築かれている。

どういう価格帯に、どういうメニューを配置するのか、そのトータルバランスこそが、フォーマットの核心なのである。そしてもちろん、キッチンは、そのトータルバランスを支えるための心臓部として位置づけられる。

そこに異物メニューが投入されたら、どういうことになるか。

一瞬にして、フォーマット全体がバランスを失って、崩壊してしまうだろう。

「いや、うちは大丈夫でした」という店（チェーン）があったとしたら、もともとフォーマットのインテグレーション（統一性）がなかったのである。それよりも、店でつくっている人、働いている人の身にもなってもらいたい。

急に飛び込んで来た他店のメニューを、誰が心を込めてつくろうとするか。

ましてやそれが、メキメキと売れてきたりでもしたら、自店に対する誇りがペシャンコにされてしまう。

店の士気は一気に落ちてしまうであろう。

売れても売れなくても、いい結果は得られないのである。

そんな愚行に走る前に、やるべきことはたくさんあるだろう。

この状況下にあっても、テーブルサービスの中でも、対前年比で売り上げ客数を伸ばしているチェーンが存在しているのである。

そういう実力派の店に行って、その店にあってわが店にないものは何なのか、それをしっかり検証することのほうが先であろう。

コロナは、それぞれのチェーンの弱さをあぶり出している。

その弱さをしっかり把握することこそが、「今やるべきこと」であるはずだ。そしてその弱さの克服に、自力で取り組むことだ。

他社メニューの場当たり的な導入で引き起こされる混乱は、わが店（チェーン）の弱さを直視する目を曇らせる。

より強くなるための主体的変容が進んでいるか

コロナが業態を変容させることは、間違いがない。

あまり変容しない業態もあるだろうし、もはや続行不能を宣告される業態も出てくるだろう。

いずれにせよ、受け身であってはならない。自らをより強靭《きょうじん》な業態に鍛え直すチャンスなのだから、あくまでも主体的でなければならない。

コロナは何とかしのげたものの、見るも無残な店（チェーン）になってしまったというのであれば、それはほんのちょっと延命をしたに過ぎない。

イートインの店が、テイクアウトや宅配で売り上げの一部を確保する店に変容する。これはあっていいだろう。

しかし、いちばん大事な点は、イートインのお客の満足度が高まり、イートインのお客が増える（少なくとも、元に戻る）ことである。

これが達成できない変容は、状況に押しつぶされた受け身の変容でしかない。業態力も競争力も当然落ちている証拠である

1年以上続くコロナの嵐の中にあっても、売り上げを減らしていない店（チェーン）があるのだ。

もちろん、降り注ぐ火の粉をふり払うために、テイクアウトや宅配にも挑戦しているだろう。

しかし、奮戦しているテーブルサービス店（チェーン）はどこも、イートインのお客の満足を重視することを、片時も忘れていない。

そこから軸足をはずさないことが、テーブルサービスに課せられた任務と心得ているからだ。

ファーストフードやテイクアウト主力店に押され気味のテーブルサービスであり、コロ

ナの影響もいちばん受けているが、外食の原型はテーブルサービスのイートインにあることを忘れてはならない。外食業の本当の魅力は、テーブルサービスでしか提供できない。何度も言うが、注文してから調理が始まり、すばらしいサービスで出来立ての料理が提供される。

このことによって、お客が得る満足こそが、外食の原初的な価値なのである。

今やっていることが、この価値を高めることにつながっていくのかどうか。いつもそのことを確認しながら、日々の戦いを進めていかなければならない。

コロナ後も人の動きが完全に回復することはない、と私は予想する。

外食市場は人の動きと連動するから、市場は小さくなる。

しかし、どこも同じ比率で客数が減るわけではない。増えるところ、変わらないところ、激減するところに分かれる。

コロナの中で、価値毀損《きそん》をしてしまったところは、退場を余儀なくされる。

（2021年3月）

3

「看板の1品」を持たない店は見向きもされない時代に入った

お客は、脇目もふらずに「看板の1品」に向かって来店する

昔、コロナが始まる前、「私はスタバに毎日行く」という女の子（30代後半）に会って、びっくりしたことがあった。

その子は、カフェは「スタバしか行かない」らしい。

ずいぶんディープなファンがいるものだな、と思ったが、その後、そういう女子にさらに2人（40代前半）に会うと、「1店買い」の時代であることを、思い知らされる。

この女子3人は、有職《ゆうしょく》であること、そして、スターバックスでは「ふつうのコーヒーは飲まない」こと、その2つが共通点だった。

以上は、平時の場合の話だが、コロナ以降、この「1店買い」傾向が強まっている。

ラーメンならばあの店、すしならばあの店、そばならばあの店、喫茶店ならばあの店、と業種別に行く店を決めてしまっているのだ。

コロナ以前であれば、A店に決めているが、B店もC店も行く、と選択の範囲があったものだが、それがなくなっている。

外食に行く回数が極端に落ちてしまっているから、たまに行くならばA店だけ、他は行かない、という行動が顕著になっているのは当然だ。

人によって、好みというものがあるから、全員がA店に集中するわけではないが、選ばれる店は限られることは、間違いない。

一握《ひとにぎ》りの強い人気店以外は、見向きもされない時代に入ったのだ。

この傾向は、コロナ後も続くどころか、より強まるだろう、と私は見ている。

その実態をさらに観察してみると、1店買いどころの話ではない、1点買いなのである。

最初から食べるものを決めている。お客は店に向かっているのではなく、食べるメニュー

1品に向かっているのだ。

別の見方をすれば、その極め付きの1品がないところは、見向きもされない、ということになる。

もはや専門店でなければ生きていけない、どころの話ではない。

圧倒的に強い1品を持つ専門店以外は生きていけない。

ひと通りの洋食メニューが揃っていますといったファミリーレストランや、酒のサカナならば何でもあります式の居酒屋は、もはや生き残れないのである。

店そのものよりも、強い1品がイメージできる店でなければ、生きてはいけない。そういう時代に入ったのである。

半分に絞り込んだアップルビーズが、奇跡の回復を手に入れた

となると、やるべきことは、明白である。

強い1品を持つこと、そして、その1品をとことん磨き上げること、これ以外に、やるべきことはひとつもない。

強くなる方向に店が向かっているかどうかを測るモノサシはひとつ。看板の1品の売れ個数が上がっていること。売り上げの中に占める1品の構成比が高まっていること。

これに尽きる。

話は変わるが、アメリカの外食チェーンの最新情報（２０２０年分）が入ってきていて、堅調チェーンと苦戦チェーンがはっきりと見えてきた。

堅調組は、宅配ピザチェーン、それにファストフードチェーン。

一方、苦戦組は圧倒的にテーブルサービスチェーンだ。

ファミリーダイニングでは、アイホップ（１６７８店）が、25%売り上げを落としているし、デニーズ（１５０４店）もマイナス15%。カジュアルダイニングの代表選手、アップルビーズ（１６０４店）はマイナス９・３%、同じカジュアルダイニングのオリーブガーデン（８６７店）が12%の下落。

アメリカでも、コロナはテーブルサービスを直撃したのである。

しかし、アップルビーズは、２０２１年４月、５月、史上最高の売り上げ増大を果たしたのである。テーブルサービスの反攻である。

アップルビーズが何をやったのかというと、それは次の２つ。

❶オフプレミスを強化。強いテイクアウト商品の開発。

❷メニューの絞り込み。35品目を削った。

❶はどこもやっていることだが、私が注目するのは、❷である。

絞り込むことによって、１品１品の磨き込みをし易くしたのだ。

「テーブルサービスは、放っておくとメニューがどんどん増えるものだが、うちも例外ではなかった」と、同社ＣＥＯスティーブ・ジョイス氏は語る。

そこに大胆に切り込みをかけ、絞り込み→磨き込みの方向へ進める態勢をとった。

もちろん、テイクアウト強化がそこにからんでいる。絞り込まなければ、真に強いテイクアウト商品はつくれないし、調理作業の単純化ができなければ、提供スピードは上がらない。

テーブルサービスの店は、さすがに1品に絞り込む、というわけにはいかないが、その方向に向かっていなければならない。

その方向に向かっているかどうかを示す指標となるものは、売れ個数上位5品目の占有率である。売り上げ全体の中に占める比率が高まっているのであれば、その店は究極の1品に向かって突き進んでいる、と言える。

上位5品目のメニューの占有率を高める。言うはたやすいが、やってみればわかる。相当の力業《ちからわざ》を必要とする。

持続的な磨き込みをするということが、どれだけのエネルギーを要するものか。

また、浅く広く、たくさんのメニューを抱えていることが、どれだけ「1品の磨き込み」を妨《さまた》げるものであるか。本気に取り組めば取り組むほど、痛感させられる。

そして、いったん増やしたメニューを切り棄てることが、困難を伴うものであることを、知る。

メニューは放っておけばどんどん増えていくが、増えたメニューを減らすためには、数倍のエネルギーを要するのである。

得意以外のメニュージャンルはすべて棄てる勇気が求められる

「そんなバカな、テーブルサービスの魅力はメニューバラエティでしょうが。メニューミックスの豊富さこそが、楽しさ、豊かさの源泉でしょうが」

と、反論する人もおられようが、その人の言い分は間違っている。

メニューがたくさんなければ、豊かさ、楽しさは実現できない、という考え自体が間違いである。

どんぐりの背くらべのような凡庸《ぼんよう》なメニューのオンパレードで、いったいどうやって豊かさ、楽しさを提供できるというのか。

看板メニューが魅力的でピカピカ光っていることが、豊かさ、楽しさの提供の基本ではないか。

静岡のローカルチェーン、さわやかは、超繁盛ハンバーグ専門店であるが、看板のげんこつハンバーグなどハンバーグの売り上げ構成比は、何と85％である。

メニューは究極の絞り込みであるが、さわやかでは、豊かさと楽しさが十分以上に提供されている。

近所の全国最大のＦＲチェーンは、メニューはずいぶんたくさんあるし、目まぐるしく新メニューの出し入れをしているが、閑古鳥が鳴いている。たまにお客が息せき切って入ってきたかと思うと、デリバリーマンが商品を受け取りに来たのである。

弱いメニューがいくらあっても、豊かさ、楽しさの提供を妨げるだけなのである。

強い専門店にならなければ、もはや生きていけない時代に入ったのだ。

うなぎ屋だった店が、お客の要望を受け容れて、すしも出します、天ぷらも出します、とんかつも出します、そば・うどんも出しますで、総合和食店に変身しているのであれば、その変身に未来はないのであるから、うなぎ以外はぜんぶ棄てる覚悟をしなければならない。

店の主人は、「無茶な、うなぎ以外もそこそこ売れているのだよ」と抵抗するだろうが、うなぎ専門店だった時代と今とで、いったいどれだけ客数が伸びたのか、と聞きたい。強い専門店の時代があったらば、の話だが、専門店時代のほうが、客数は多かったはずである。

そもそも、メニューを増やせ、などというお客の要望に応じてはいけないのである。「うちは、うなぎ以外はやりません」と、なぜきっぱりと断らなかったのか。メニューが増えたことでよかったことなど、何もない。

新しい調理機器は入れなければならないし、調理の手間は増えるし、人手はかかるし、提供時間は遅れるし、肝腎のうなぎの質が落ちて人気は下がるし、で百害あって一利もなかったのである。

以上のことは、私はずっと言い続けてきたが、どこの店も（チェーンも）、メニューを増やし続けてきた。

しかし、コロナによって私の言い分が正しかったことがわかったのだから、今からでも遅くはない。専門店に戻りなさい、1品の磨き込みにエネルギーを集中しなさい、ともう一度言っておく。

メニューが多すぎる。新メニューの出し入れが多すぎる。これが、日本の外食業の欠点である。

アメリカの強い外食チェーンはどこも、メニューが驚くほど少ない。いや、1品だけのチェーンも多い。

そして、そう安易に新メニューを入れたりしない。それでも、1店当たりの売り上げは高く、店数も多いのである。

市場が違うなどというのは、言い訳にすぎない。どんな市場でも、強いメニュー1品を持っていないチェーンなど、見向きもされない。

繰り返すが、お客は店を目指しているのではない。看板の1品に向かって突進してきているのである。

（2021年7月）

4

固い岩盤を打ち砕ける「1品」を持たなければ、チェーンは成功しない

先行チェーンの「今」に学んではいけない

フライドチキンやチキンバーガーの新店が次々に生まれている。

これからどういう成長を遂げるのか、遂げないのか。興味深いものがある。

ハンバーガーでは、ドムドムが、今度は、和牛バーガー（1350円・ツリーアンドツリーズ）で再起を図る。ドムドムは、日本ではマクドナルドよりも歴史が古く（1970年1号店開店）、マクドナルドよりも安い価格で出発したチェーンである。それが、1350円の高級バーガーで再出発とは。

健闘は祈るが、成功する確率は低いだろう。高級化で再起、これで成功した例を私は

知らない。

日本ではハンバーガーの市場は小さい。一方、チキンは市場の大きさも違うし、これからもチキンの外食市場は拡大するであろうから、新規参入組にも大いに期待が持てるが、それでも新参チェーンについては、私は「何か違う」という思いがぬぐい切れない。

ハンバーガーでもチキンでも、すでに存在する外食市場に参入しようとしているわけであるが、その参入の仕方に、根本的な考え違いがあるのではないか。

ハンバーガーで新規参入しようとしている人がいれば、当然、先行のマクドナルド、モスバーガーを参考にするだろう。

チキンならば、KFC、牛丼ならば、吉野家、すき家、松屋を、参考にする。

同じ路線でがっぷり四つで戦うかどうかは、また別の話である。

同じ土俵で戦おうとする人もいるだろうし、直接の対決を回避して、グルメ＝高級という別の市場を狙うところも出てくる。

どちらにしても、先行チェーンの存在を無視しては、参入することはできない。

学ぶべきは「1品」で成功したレイジングケインズ

アメリカでは、ハンバーガーでもチキンでも、新手《あらて》のチェーンが次々に生まれていて、成功してグングン店数を増やしているチェーンもあれば、一敗地にまみれて舞台から姿を消すところもある。

鮮やかな成功例として記憶されるのは、チキンチェーンのレイジングケインズであっただろう。

第1号店の開店は、今からちょうど25年前の、1996年8月28日。ルイジアナ州のバトンルージュ市でであった。

チキンの強豪がひしめく中にあって、急速な成長を遂げ、昨年には、年商1390億円。店数は518店、1店当たりの売り上げは、2億6800万円である。

全米の外食チェーン・国内売り上げランキングで、45位の位置にあって、今でも成長を持続させている。[注記]

レイジングケインズの特徴は、

❶チキンフィンガー単品であること、

❷秘伝のソースを、毎朝店長が店でつくっていること、

この2点である。

そしてこの2点に、とても重要な、成功のヒントが隠されている。

新規チェーンとして、まずやらなければいけないことは、極限まで身を削《そ》ぎ落とすことである。

極論すると、メニューは1品で戦うこと。これが、すでにある市場に参入して勝つための、大原則である。

もちろん、レイジングケインズのチキンフィンガーも、チキンサンドイッチにも使われるし、コールスローや飲み物のメニューはある。

しかし、基本は1品だ。そこが肝《きも》なのである。

先行するファストフードチェーンの多くも、出発当初は、単品もしくは、それに近い

限定メニューで、フォーマットもシンプルであった。

それが、競争チェーンとぶつかったり、新しいトレンドに対応したり、時代時代のお客のニーズに応えている間に、メニュー領域は広がり、オペレーションは複雑になり、1店のペイラインもせり上がっていった。

これを、一般的にはフォーマットの進化と言う。確かにお客にとっては、メニューの選択の幅が広がり、居住性も高まり、使い易い店にはなっただろうが、業態として見れば、錐《きり》でもみ込むような初期のフォーマットの先鋭性は失われてしまったのである。

新規に参入しようとするとき、いちばん参考にしなければならないのは、そのチェーンの初期の店が持っていた先鋭性である。

何によってマーケットにクサビを打ち込むことができたのか、その本質部分を、歴史の中で見極めなければならない。

メニューが拡がり、「複雑化した」今のフォーマットを見てはいけないのだ。

現フォーマットは、長い競争の年月を経て変質したものであって、原型の強さは失われている、とまでは言わないが、だいぶ弱まってしまっている。

その変質したものを参考にして、フォーマットを形成しても、本当に強いチェーンは生まれない。

原型をこそ参考にすべきであって、成長のバネになった本質部分以外は見てはいけないのだ。

1品のオリジナル力と高速回転の仕組みがチェーンを生み出す

具体的に言うと、牛丼チェーンを始めるのであれば、牛丼1本の店をつくるべきである。築地の場外市場にあった吉野家を参考にすべきである。

10坪未満で、7時間の営業。提供までの所要時間が15秒。1日客数1000人。それで年商1億円をあげた、あの店をこそ参考にしなければならない。

前述のように、今の牛丼チェーンは、牛丼以外にもいろいろのメニューを持っている。

ライバルと戦っている間に、あれよあれよと言う間に、メニューが増えていってしまったが、本音を言えば、牛丼1本で戦えたらどんなに気持がいいだろう、とどこも思っているに違いない。

しかし、先行する大手チェーンは、もはや後戻りはできない。多いメニューと複雑なオペレーションと重い装備を背負って、競争チェーンと戦わなければならない。

そこに1品で、裂帛《れっぱく》の気合をもって、切り込みをかける。それが新規参入組のあるべき姿である。

頼れるのは1品だけである。その1品の一太刀《ひとたち》で市場が切り拓かれるかどうか、成否のポイントはここにある。

よほどの商品力がなければ、市場からハネ返されてしまうこと、必定《ひつじょう》である。既存のチェーンの商品力を上まわる、圧倒的な高質と独自性を持たなければ、参入は不可能である。

そして、この1品が堅牢《けんろう》な仕組みの中で、メチャクチャに売れる。その究極の仕組みがつくれたところのみが、既存市場の奪取《だっしゅ》と新しい市場の創出を手に入れ、急速に成長することができる。

もうひとつが、店舗調理だ。

レイジングケインズが、全店で毎朝ソースをつくって、ツーオーダーで提供しているように、店舗調理で独自性を持たない限り、外食市場で真の競争力を持つ商品を持てない。

調理領域は、限定されたワンポイントである。そのワンポイントが決定的な差別化になる。その限られた領域の店舗調理力をテコとして独自性を具備《ぐび》しえた商品を持って初めて、市場に深い切り込みを入れることができる。

先行チェーンも、メニューが増えて作業は複雑になっている一方で、決定的な店舗調理力を失っているところが多い。

効率追求のために、大事な武器を棄てざるを得なかったのである。

かくして、外食の、とくにファストフードの市場参入は、プロダクトアウト型でなければならない。マーケットイン型であってはならない。

市場があるから出るのではない。出ることによって、市場が新たに生まれるような形にならなければならない。

実際の新規のチェーンの進出を見ると、圧倒的な商品力と仕組み力で、一太刀で切り込みをかけていく、断固たる姿勢からは程遠い。

先輩チェーンを学び、同じ価格帯で同じような品揃えをし、主力商品や提供方法でちょっぴりスパイスを利かして、それを独自のものと称し、市場に差し出してみる。

一時《いっとき》話題を呼ぶが、販促資金が底をつくと、あっと言う間に忘れ去られてしまう。

市場に耳を傾けよ、とはよく言われることだが、それは店数も増えて、ブランド力もついて、チェーンの形ができてから発すべき言葉である。

オリジナルなものは、もっと無骨で無愛想な形で出現する。自己のオリジナリティに自信があるから、市場に媚《こ》びる必要がないのだ。

商品力が出発点であるから、オリジナル商品を生み出す力がない者は、新しいチェーンを生み出すことをあきらめなければならない。

あきらめられない人は、町場の繁盛店を、倦《う》まず弛《たゆ》まず探索し続けるべきだろう。チェーン化できるだけの商品力を持ちながら、その可能性に気づきもせず、営々とオリジナルな商品を販売し続けている個人店のオーナーはたくさんいる。彼らの潜在力（とくに商品力）を拝借すれば、もしかしたら、新しいチェーンを生み出すことができるかも知れない。

アメリカのマクドナルドも、世界一の大チェーンに仕立て上げたレイ・クロックに〝発見〟されることがなかったら、田舎町の繁盛店で終わっていた可能性が高い。

レイ・クロックの眼を持って、町中を歩き続けてみることだ。（2021年9月）

［注記］レイジングケインズのその後の成長は著しく、2023年には、年商5637億円、店数727店、1店当たりの売り上げは7億円（1ドル150円換算）となり、全米外食チェーン・国内売り上げランキングで28位まで躍進している。

5

生産性の過度の追求が外食の多様性とダイナミズムを殺してしまう

調理工程の分断化、単純化が外食から働く楽しさを奪った

東京の大きな都市ホテルで昔料理長をやった人が、こんなことを言っていた。

「もう大きなホテルから優秀な料理人は出ないね。ちゃんとした料理人になるためには、修業が必要なんだよ。修業というのは、身体をいじめることなんだ。下働きから始めて、親方にどやされこづかれして、身体をつくっていく。これが肝腎なんだ。技術とか技っていうもんは、身体が出来上がっていなければ、ぜったいに身につかない」

しかし今の大ホテルの厨房は、もうそんな環境ではない、という。

時間が来れば、どんなに仕事が残っていようと、持ち場から離れさせなければならない。

週に2日は休ませなければならないし、時間外労働にはもちろん残業代を払わなければならない。

「力仕事は減っているし、そもそもキッチンにいる時間が減っているから、とても修業なんてできる場じゃないんだ」と、元料理長。

ある有名グランメゾンの元シェフも、同じことを言っていた。

「一に体力、二に体力。身体が出来上がっていない料理人はダメだ。それから、多くのお客さんのコース料理を一度につくった経験のない料理人も大成しない。修羅場を体力と身体の動きで乗り切った料理人だけが、一流になれる」

なるほど。一日一客、なんて気取ったことを言っている店では、ろくな料理が出てこない理由も、それで納得できた。

料理教室や調理師学校の先生から力のある料理人が出ないのも、それでわかった。力の漲《みなぎ》る料理を出すには、苦しい修業経験によって培《つちか》われた身体が要る、ということだ。

そして技はその身体の中に宿る。

外食チェーングループはどうかというと、そういう悩みすら持っていないところが、ほとんどである。

そもそも、料理人を求めていないのである。

脱料理人、未熟練労働者のフル活用。プロ否定を目指してチェーン化を進めてきたのだから、料理人不在こそが目指す方向であって、当然である。

そもそも、ひとつの料理を「通し」でつくることはしない。

一次加工された食材を使うのは、今やチェーングループに限ったことではないが、実際の調理をやるのも、部分部分に分かれていて、ひとりの人間はその一部を担当するにとどまる。

その部分の作業を繰り返しやればいいのだから、必然的に労働は単純化される。バラつきも出ない。

それを連結させるのだから、一定の均質化は達成される。

パートとは言い得て妙であって、まさに部分の仕事、部分の時間（パート）を受け持つ仕組みを表現している。

パーツとなれば、これは部品という意味だ。全体の完成像をイメージする必要のない、部品としてちゃんと機能してくれればいい。

そこに労働の喜び、モノをつくることの喜びがあるか。一定時間パートとして、パーツとして働いてくれればいい。時間が来たらお帰りください。

それしか求められていないのだから、その労働の中に楽しみとか喜びが生まれようはずがない。

つまり、会社（店）の生産性は上がったかも知れないが、働く人個人の生産能力はちっとも上がらないのである。

上がらないから、いつでも代替《だいたい》が可能である。

働く人は、いずれロボットに替えられるだろう、という恐怖をいつも抱えながら、パート（部分）仕事をやり続けることになる。

体力と技を持ったチームが、新しいビジネスを生む

以上は、チェーンを極端に表現したものであって、どこの店もどこの調理場も、こういう状況に達して（下落して）いるわけではない。

労働の喜び、つくる楽しさを十分に残しているところだってある。

しかし、いかんせん、体力と技が備わった調理人がいるチェーンがあるか、というと、それはなかなか見つからない。

餃子の王将のキッチンを見ていると、こりゃ、技もいるが、体力がいるわ、と感心させられるし、物語コーポレーションの丸源ラーメンや焼肉きんぐも、なまじの体力ではとても持たない。そしてチーム全体が鍛えられている。

チームの体力と技を不要としてきたチェーンの弱さは、新業態の立ち上げにおいて露呈する。

新業態の立ち上げに当たっては、営業力をフル稼働させて問題点を顕在《けんざい》化させなければ

ばならない。

基本フォーマットには問題がなくても、小さな問題は次から次へと出てくる。それをぜんぶ出し切らなければ、業態としてひとり立ちできない。

出し切るために必要なことは、メーターの針が振り切れるまで、店を過熱稼働させることである。

その稼働力を備えたチームメンバーがいるかどうか、だ。

パート（部分）だけをこなしていたチームメンバーにはその資格はない。心、技、体を鍛え抜いているメンバーだけが、その任に耐えられる。

車のテストドライバーと同じだ。最高のドライバーズ・テクニックを持った人間が、そのテクニックを駆使して、車を過酷な状況に追い込む。車は悲鳴を上げながら耐え、耐える中で欠陥を露呈する。

欠陥が致命的なものであったら、その車はゼロから設計をやり直さなければならない。

新型飛行機も同じだ。高度な技術を備えた熟練パイロットが、あらゆる条件に挑んで、徹底的に飛行機の性能を試す。

車も飛行機も、そして新しい業態の外食店も、きしむほどフル稼働させて、性能と欠陥を表面化させることによってはじめて、ひとつ上のステージに足を踏み入れることができる。

潜在力を引き出す、という言い方もできるだろう。引き出すのは、人間の力と技である。社員全員がその力と技を持っている必要はないが、力と技を持ったスペシャルチームは持っていなければならないだろう。

そのパワーが、今の日本の外食業から消失しつつあるのではないか。

プロがいなくなった業界に未来はない

外食業が労働生産性の低い業種であることが、しばしば指摘されるが、低くてどこが悪いのか、というのが、私の基本的な考え方である。

生産性を上げるということは、人を減らすということである。

100人でやっていた仕事を50人でやれるようにして、同じ成果が得られました。その結果、雇用力は半分になりました。これが生産性向上の内実である。50人を路頭に迷わせて、高い生産性を獲得できた。それがそんなにエライことなのか。話は飛ぶが、農業もそうだ。

生産性が低すぎる。外国の農業に負けてしまう。株式会社形式にして、大規模農業に切り替えるべきである。こう言われ続けてきた。

これが日本の農業政策の根幹であるが、棄農《きのう》が増え、大規模農法に適さない耕地は棄てられ、農業人口は激減して、衰退の一途をたどっている。

生産性の極度に悪い小規模農業を守ってこそ、収穫物の多様性は保たれ、自給率の下落も止められるはずなのに。

そして、農業従事者の生き方の多様性が担保され、少量多品種の収穫が可能になる。

世界レベルの食糧争奪戦争が起こることが目に見えているのに、小規模農業は駆逐《くちく》され、耕地面積はどんどん減らされていく。

これって、ヤバくないか。

外食業も、同じだ。生産性を追求する大手のチェーングループがあってもいいだろう。ロボット化、無人化を強力に進める企業があっても、いっこうに構わない。

しかし、外食業全体を高生産性ビジネスに切り替えようとする試みは、とんでもない愚挙《ぐきょ》である。農業と同じで、低生産性、ほどほど生産性、高生産性が共存し、お互いに補完し合うことで、多様性が保持され、雇用力を保つことができる。

もうこれからは世界中が脱成長時代に入るのだから、失業者がいない、そして国民全員が飢えない、この2つが、生きやすい国づくりの最も大事な基礎条件になる。

この基礎条件を満たすためにも、生産性は低いが雇用力はある外食業を根絶やしにしてはいけないのだ。

そして、どの分野においても言えることだが、プロフェッショナル＝職人がいないビジネス領域は、必ずダメになる。

高い生産性を追い求める外食業にあっても、食材から高度な料理をひとりの手で生み出す、体力も技もある食の職人はぜったい必要なのである。

社員全員からあがめられ、尊敬され、社長も一目《いちもく》おく、食のプロフェッショナルがいるかどうか、だ。

そういう人材を不要として切り棄ててき、そういう人材を育成するキャリアパスを不要として排除してきたことが、日本の外食業を足腰の弱いものにしてきたのである。

町中の個人店はどうか。

すっかり数が減ってしまったが、昔ながらのそば店、とんかつ店、町中華、喫茶店、居酒屋など、しぶとく残っているところもある。

優良店もあるが、これはもうお引き取りいただいたほうがよろしいのでは、と思われるような店も、何とかしがみついている。しかし、やめ時が見つからずに、惰性《だせい》で営業を続行しているような店も、必要だ、と私は思っている。

そういう店を含めての、多様性なのである。

（２０２１年11月）

6

「食品ロス」と「長時間営業」。この2つで、外食業はヤリ玉に挙げられる

コンビニの食品ロスと24時間営業がヤリ玉に挙げられはじめた

食品ロスと長時間営業に対する世間の風当たりが、日増しに強くなっている。外食業もその矢面《やおもて》に立たされているが、それ以上に、消費者から強い反発を受けているのが、コンビニである。

まず、食品ロス問題であるが、コンビニがおにぎり、弁当、サインドイッチ他のパン類、そうざいなどで、毎日出す廃棄食品の量は、半端ではない。そして、工場と店舗の両方で出している。

賞味期限が近づいた食品を、フランチャイジーの判断で値引きすることを、一部のコン

ビニ本部が容認するようになったが、本部の基本姿勢は「ノー」である。

フランチャイジー個々の判断で、全店の足並みが乱れることを、本部は極度におそれるのである。

フランチャイジーの「判断」などが入る余地がないくらいに、統制が行き届いていることを、常に本部は求める。

深夜にあるコンビニに寄って、鮭おにぎりが1個残っていたので、「やれ、よかった」と、レジに持って行ったら、賞味期限がちょうど切れた時間だったので、レジでハネられた、売ってもらえなかった、と、あるライターが、ある雑誌に書いていた。

その鮭おにぎりは30分前に時間オーバーしていて、たまたま棚に残っていたものだったらしい。「残念ですが、お売りできません」と言われた。

「それで結構ですから」(ライター)、「いや、ダメです」(レジ担当者)という押し問答が、カウンターをはさんで繰り広げられたのだが、やっぱり売ってもらえなかった、という内容だった。

どうせ廃棄するものなのだから、こっそり差し上げればいいものだが、それをやると、契約違反になるらしい。店員としては、「お売りできません」で通すしかない。

しかし、コンビニで発生する大量の廃棄物がＴＶ映像で何度も映し出されると、「これって、やばくないか」という疑念が、消費者の中に芽生える。

単にもったいないという問題ではなくなってきている。食品ロスの発生を前提とした生産、販売計画が立てられているコンビニの存在自体への、強い反発が生まれているのである。

ブランドの好感度をとりわけ気にする各コンビニとしては、かなりまずい事態の出来《しゅったい》である。

「地球にやさしい」とか「環境保全」とか、「持続可能な社会づくりの良き一員」になるとか言っていたことが、ぜんぶウソになる。

大量の食品廃棄のＴＶ映像は、現在ＮＨＫに限られている。

大手コンビニは、どこの民放にとっても大事なお得意さまである。そのお得意さまの不都合な部分を民放がＴＶで放映することなど、できるはずがない。

しかし、ＮＨＫで映し出された映像は、視聴者（消費者）の目に焼き付けられているのである。

コンビニにとっても、もはや、放っておくことができない問題になっているのである。

一方、24時間営業のほうは、ずいぶん前から問題視されていたが、コロナの中で、その問題性がより鮮明になった。

それは、深夜営業を続ける必要があるのか、という明確な抗議の形をとるようになった。

外食業は食品ロスの「つけ」を外部に押しつけている

電気代をはじめとする営業コストのムダ、人件費のムダ、そして、深夜営業こそが食品ロスを引き起こす元凶《げんきょう》。こういう抗議の声が日増しに強くなってきたのである。

コロナ禍を通じて、経済活動もライフスタイルがすっかり変わり、コンビニの終夜営業を必要とするお客が減ったこともある。

本部としては、これには取り組み易い。何も、儲からない時間に開けておく必要はないからだ。

本部の都合とお客の声が珍しく一致して、コンビニの各社も、24時間営業を抜本的に考え直す方向に動き始めている。

コロナを通じての大きな変化のひとつが、レトルト食品と冷凍食品の消費者の備蓄力が高まったことであろう。

そのぶん、コンビニの深夜の食需要が減った。

備蓄需要が増えたということは、コンビニの役割が減じたということである。

これが、深夜営業は不要という声となって、顕在化している。

コンビニのことばかり話をしてきたが、食品ロスの問題も営業時間の問題も、そっくりそのまま外食業に当てはまる。

コンビニに向けられた抗議の声は、同じように、外食業にも向けられているのである。

営業時間については、抗議の声が上がる前に、外食業全体が深夜営業からの撤退を進めている。

コロナ規制で、営業時間の短縮が進められたこともあるが、やはりライフスタイルの変化が大きい
最大の市場であった団塊の世代が70歳代に突入した（2025年には全員が75歳以上の後期高齢者になる）。

それよりも若い世代も、出不精《でぶしょう》になった。内食、家飲みが定着した。そして、外食頻度の絶対的な減少である。

要するに、外食市場が縮小しているのだ。コロナが原因ではない。コロナはその縮小のスピードを早めているに過ぎない。

その市場縮小への対応が、営業時間の短縮と店舗減なのである。

時間と店舗数を適正化する運動が、今行われているのだ。

一方、外食業の食品ロスについては、消費者は「作りすぎ」に対して、はっきりと「ノー」

を突きつけている。

外食業全体の食品ロスの量は、年間133万トンである（2016年年度）。同じデータ（環境省）では、一般家庭291万トン、食品製造業が137万トン、食品小売業が66万トン、食品卸売業が16万トンである。[注記]

外食の廃棄は、いろいろの段階で発生する。

まず、不良在庫の廃棄がある。

これは、取引先で、自社工場で、店舗で、それぞれ発生する。

売れると思って開発したメニューのために大量に仕入れていた食材が、全然売れずに発売中止、消費期限が近づき、それで廃棄が起こる。

自社工場での廃棄は自己責任だが、発注先に処分を押しつけるケースがある。供給先は、別の顧客に安値で叩き売ろうとするが、それでも残れば、廃棄である。

これも、外食業が引き起こした食品ロスなのだが、外食業のロスとしてはカウントされないのである。そこが問題である。

食品ロスを前提としたファストフードも検証されるときが来た

自社工場での不良在庫もけっこう多い。

安値で買ったが、結局商品化できなかった。あるいは、商品化したけれども全然売れなかった。

消費期限が来て、結局ロスとして処分する。担当者はその前に、他社への「放出」を試みるが、ダメなものはやはりダメで、多くの場合、処分、廃棄ということになる。

自社で(テーブルオーダー型でない)ブッフェ業態を持っている企業は、このブッフェが不良在庫の処分場(食品ロスの回避機能)になっていることが少なくない。

しかし、ブッフェというビジネスそのものが元々食品ロスの出易い業態であるから、残飯発生は避けられない。

「処分場」と言うと聞こえは悪いが、社内で不良在庫を減らす業態を持っているところは、食品ロス減の努力をしているのだから、まだ許される。

許されないのは、先の取引先への押し付けである。

これは、先に述べたように外食業の食品ロスとして表に出てこないから、悪質である。外食業が元凶である見えざる巨大食品ロスが、いずれ消費者の目の前にさらされることになるだろう。

こうしてみると、店舗の商品製造の過程で発生する食品ロスなどは、たかが知れていることがわかる。

プレパレーションミス、オーダーミス、製造ミスなどがそれに当たるが、巨大な食品廃棄量に比べれば、ぜんぜん大した量ではない。

食品ロスは、店で発生するより、店着前ではるかに多く発生する。

店舗における商品製造の部分にスポットを当てると、外食の業態の中では、ファストフードは、店舗段階で食品ロスが発生し易い。

ファストフードの原型が作り置きビジネスであるからだ。ファストフードというビジネスは、もともと食品ロスを前提にした外食業なのである。

クイックに提供すること、チャンスロスの最小化を図ること。この2つを実現するために、作り置きを販売の基盤に置いたのが、ファストフードなのである。

ファストフードが外食業の産業化の歴史の中にあって、最大の発明品であることは、私も否定しない。

この発明品がなければ、外食業の産業化は果たされなかったであろうし、市場も現在の規模にもなっていない。

しかし、食品ロスがこれだけ地球規模の問題になっているとき、食品ロスを前提とするビジネスがこのままの形で生き永らえられるとは思わない。

もちろん、ファストフードでも、ロスの大きいビジネスと極小化されているビジネスがあって、一概に論ずるべきものではないが、この「偉大な発明品」も、時代の要請に応えられない部分が出てきていることは、認めなければならないだろう。（2022年1月）

［注記］2022年度は、外食業60万トン、一般家庭236万トン、食品製造業117万トン、食品小売業49万トン、食品卸売業10万トンに改善されている。

7

テーブルサービスのサービスレス化でますますファストフードにお客を奪われている

楽しい食事ができなければ、外食業ではない

マクドナルドについては、ずいぶん批判的なことを書いてきた私だが、外食業としてやるべきことはちゃんとやっているなー、と感心もしているのである。

マクドナルドの強さは、「うちは外食業なんだ」という自覚を持ち続けているところにある。

売り方の基本は物販業であり、短時間に効率的に提供することに命を賭けているが、外食業としての基本は守り抜く。

快適な空間、心のこもったサービス、楽しい食事。これを提供するのが、外食業とい

うものである。その立ち位置は、不動なのだ。そこがマクドナルドの強さである。

急に何でこんなことを言い出したのかと言うと、最近マクドナルドの郊外大型店のカウンターで、とってもすばらしいサービスを受けたからである。

郊外大型店に休日に行くと、戦争である。

ドライブスルーには、車が長い列をつくっているし、駐車場には、モバイルオーダーで注文して、受け取りを待っている車があふれているし、店内カウンターにもイートイン、テイクアウト客が並んでいるし、デリバリーマンがひっきりなしに出入りしているし、まあ、てんてこ舞いなのである。

そのカウンターの近くには、おもてなしリーダーという従業員がいる。私は女性しか見たことはないが、制服とさばき能力から見ても、地位は高そうである。

このおもてなしリーダーがすばらしい対応なのである。

カウンターで注文に手間取っていたりするお客（私）に対して、簡《かん》にして要《よう》を得たフォローをしてくれるし、注文後は番号カードを渡してくれて、注文したメニューは、２階の客席まで運んでくれる。

運んだときの笑顔と対話力の秀逸《しゅういつ》さ。ここでも新商品の特徴などもきっちりと説明してくれる。

1階の定位置のカウンター前に戻るときには、商品やペーパーが散らかっているテーブルの片づけをていねいに行い、トレイ・リターンの場所をしっかりと片づけて、客席全体を見まわす。

コロナ禍でマクドナルドも、オフプレミス（ドライブスルー、テイクアウト、デリバリー）に大傾斜している。

膨《ふく》らんだオフプレミスに対応すべく、オペレーションの大転換が行われている。にもかかわらず、外食の基本が何であるか、何を大事にしなければならないビジネスなのか、そのことを片時も忘れていない。

日本のマクドナルドも、過去にはずいぶん誤ちを犯した。

私の記憶にいちばん残っているのは、ハンバーガーの安売りと、サテライト店の異常な出店と、24時間営業の敢行である。

どちらのときも、マクドナルドが本来の外食業からいちばん離れてしまったときであった。

店があれば（店が開いていれば）売れる、という自己過信が、いちばん大事なお客を失うことになってしまった。

売り上げ減少のイートインのサービスに力を入れ続ける

マクドナルドの郊外大型店に行くと、立派なイートインスペースがあるが、利益に結びついているのか、と心配になってしまう。

休日などは、来てもらいたいファミリー客もちゃんといるが、リモートワークをやっているひとり客や、おしゃべりグループ客（高校生、女子高生など）が、客席に腰を据えて、長居を決め込んでいる。

客単価は上がらないし、客席回転率は悪そうだし、こういうUG（＝来てほしくないお客）が一掃《いっそう》できるなら、どんなに収益力が高まるだろう、と私は人ごとながら大いに気をもむのであるが、マクドナルドは、十分な客席スペースをつくって、そこでのキメ細かいクレンリネス作業とサービスに、力を入れ続ける。手を抜かない。

どうしてイートインにそこまで力を入れるのか、と問えば、マクドナルドは、きっとこう答えるだろう。

「うちは、外食業ですから」と。

磨き抜かれた店で、出来立ての料理を、心のこもったサービスで提供するのが、外食業である。

イートイン比率がどんなに下がろうとも、どんなに利益貢献度が弱まろうとも、ここで外食業の本来の姿を提供することが、どれだけ大切なことか。

その重要性を、マクドナルドは骨身に沁《し》みて知り抜いている。

前述のようにファストフードは作り置きビジネスで、注文に応じてつくらない。商品が注文に連動してつくられない、という点が、仕組みの根本にある。

ツーオーダーで提供できないから、本来の外食業から大きく逸脱してしまう危険な要素を持ったビジネスであることを、つねに意識していないと、ファストフードは成立しないのである。

マクドナルドは、この商品づくりの危険な構造を十分に意識しながら、物販業に走らず、イートインの魅力を守り続けようとする。こうして、外食業の立ち位置を守る。

私が心配するのは、むしろテーブルサービスグループである。

自制心を失って、生産性の追求に走ってしまうのだ。

マクドナルドのように、本来の外食業から離脱する可能性を、そのビジネス特性上に持っているところは、ここまではやってはいけない、ここから離れてはいけない、という自己の立ち位置を、常に意識している。

しかし、テーブルサービスは、もともとその（欠落の）自覚がないから、かえってブレーキがかからず、とんでもない生産性の追求に手を染《そ》めてしまうのだ。

たとえば、配膳ロボットの導入がある。

コロナ禍で人が集まらず、また人件費がハネ上がっている現在、配膳ロボットの需要が一気に高まっている。

イートイン客の満足度を高めたところだけが、好調を維持

客席フロアのサービスが、無人化に向かい始めたのである。

テーブルサービス業と言われてきたが、テーブルロボットサービス時代の始まりである。

私は、配膳ロボットそのものがいけないと言っているのではない。

よくできた機械だし、能力が高まって、動きがよくなり、精度が上がれば、急速に普及していくだろう、と思っている。

ガストなどは、無人化したフロアサービスを究極の目標としているのだろう。

一方、物語コーポレーションの焼肉きんぐも、ロボットを導入している。

ここは、導入の目的が違う。

こちらの目的は、よりレベルの高い人的なサービスの獲得である。

焼肉きんぐには、焼肉ポリスというサービスの制度があって、テーブルでの最初の焼肉を焼いてくれるのは、この焼肉ポリスの肩書きを持った人なのである。

おいしい焼き方の見本を、まずご披露しましょう、という役割だ。

つまり、より濃密な、よりお客に喜ばれるような、よりコミュニケーションが高まるサービスを行おうと、常に考えている。

このサービスの質を上げるために、焼肉ポリスが存在する。そして、その焼肉ポリスのホスピタリティ力を高めるためのお手伝い役として、配膳ロボットが存在する。

目標は、テーブルサービスのサービス力アップなのである。

日本の外食業がどうなっているのか、もう一度見直してみよう。

オフプレミス市場の増大によって、ファストフードやテイクアウトに強い外食が、その市場を取っている。総じて好調である。

しかし、このグループにも、こういうときだからこそサービスが大事なのだ。イートインのお客の満足度を高めなければ、外食業としての力は衰える、ファンを失う、と考えるグループが存在する。

マクドナルドやスターバックスがその代表例である。

人的サービスを放棄しているイートインチェーンが多出している一方、ファストフードやカフェチェーンの良質なところが、人によるサービスの強化に力を入れ、好調を持続させているのは、興味深い。

そして、サービスレスを目指すイートイングループが、顧客離れを加速させているのは、もっと興味深い。

ロボット導入で人件費は減らせるかも知れないが、お客の数はもっと減るから、配備されたロボットが手持ちぶさたになる（稼働力が落ちる）だけだ。

テーブルサービスも、前述のようにこういうときだからこそ、イートインのお客の満足度を高めなければいけない、サービスの質を高めなければいけない、と考えているチェーンもあって、（たとえば、ロイヤルホスト、フライングガーデン）こちらは、堅調である。テーブルサービスグループは、お客の立場に立って、もう一度自店を見直さなければならない。

オフプレミスに走るのも仕方がないと思うが、本筋は、イートインのお客の満足である。その満足が高まれば、客数は増える。

その本筋をもう一度見つめ直さなければならない。

イートインのお客の不満を増加させるような効率追求に、未来はない。

外食業って何をするビジネスなのか、そしてうちは、何を実現する外食業なのか、コロナで苦しい今だからこそ、深く深く問い直さなければならない。

（2022年3月）

8

オフプレミスとリモートに頼り過ぎた外食は、立ち直れない

デリバリーは急減、しかしイートインのお客は戻らない

見栄《みば》えが悪いなー、と思い続けていたデリバリーの配達員の数が町中からだいぶ減ったので、正直ホッとしている。

ファストフード、ファストカジュアル、テイクアウト店のデリバリーは、これが本業の一部なのだからどんどん追求していってもらって構わないが、テーブルサービスは、イートインが本来の仕事なのだから、デリバリーやテイクアウトにあまり力コブを入れないでもらいたい。

力を入れ過ぎたテーブルサービスの店は、必ず本業がおろそかになっている。

そして、好調なテーブルサービスチェーンで共通しているのは、テイクアウト、デリバリーに対して抑制的である点だ。

「こんな売り方に力を入れていたらとんでもないことになるぞ」という警戒心を持ち続けている。

たとえば、ラーメンの山岡家の山岡正会長は、自店の駐車場にテイクアウト用のプラスチック容器がいくつも打ち棄てられているのを見て、「こりゃいかん」と、すぐにテイクアウトをやめさせた。

大事な商品がこんな食べられ方をしていることに、我慢がならなかったのである。まともな経営感覚の持ち主、と言わなければならない。

フライングガーデンの野沢八千万《やじま》会長は、コロナが始まってすぐに、全社員にこういうメッセージを発した。それは、

「店をピカピカに磨き上げよう。駐車場にチリひとつ残さない。出来立てで熱々の料理を、きちんとした盛り付けで、クイックにステキなサービスで提供しよう」だった。

イートインの価値、楽しさを全開させよう、ということだ。

フライングガーデンも、テイクアウト、デリバリーをやってはいるが、看板商品の爆弾ハンバーグはイートインに限定している。イートインでなければ、本来の商品力が出せない、と確信しているからだ。

浜松に本拠を置く中華チェーン、五味八珍では、今イートインで提供するランチの商品をメールで本部に送らせている。その出来上がりをすべて本部でチェックしている。

同社の渡瀬徹社長は、こう語る。

「不安が的中しました。盛り付けがバラバラになっていたのです。とくに高さがなく平べったくなっている。テイクアウト、デリバリーに力を入れた結果、盛り付けへの心配りが低下してしまっていたのです」

このように、アラートを肌で感じて行動に移す経営者ならば、立て直すことも可能だが、多くの経営者は、コロナ禍の2年余で自店に行く回数もめっきり減っていて、イートインがめちゃくちゃな状態になっていることに、気がつかないままである。

ここに至って、デリバリーの注文は急減しているのに、イートインの客数も一向に伸びてこない、と困り果てているのである。

まずは、経営者は自分の店に行って、商品、サービス、クレンリネスがどういう状態になっているか、自分の目で確かめてほしい。

もはやテーブルサービスレストランとは呼べない状態になっていることに、気がつくであろう。

そして、オフプレミスにのめり込んでしまったことが間違いであったことを、痛感するだろう。

QSCのレベルが回復して、イートインのお客の満足度が上がらない限り、たとえコロナが終息しても、テーブルサービスレストランが立ち直ることは、ない。

ほとんどの店が似たり寄ったりの状態なのだから、ここで徹底的にQSCのレベルを上げることに努《つと》めたところは、排他的に客数の回復を得ることができる。

テーブルサービスレストランは、オフプレミスなどにうつつを抜かしていないで、来店してくださったお客にいかに満足していただくか、こちらに全精力を集中すべきだ。
今ならば、まだ間に合う。

社会全体がリモートのラクチンにはまり込んでいる

経営者が店に行かなくなった、と書いたが、店と本部との連絡ラインがスカスカになったのも、コロナの副産物である。

コロナだから、コロナだから、で、スーパーバイザー（ＳＶ）、営業部長の訪店回数もめっきり減り、店で取り残された店長の孤立化は深刻である。

「いや、うちはリモートでやっていますから」と反論する人もいるだろうが、実際に行くのと、リモートで連絡するのとでは、コミュニケーションの密度で天と地の開きがある。

私もリモートでレクチャーをすることがあるが、今ひとつピンと来ない。相手の反応の情報が少なすぎるのである。

面白いことを言っても、ちっとも笑ってくれないし…。のれんに腕押しなのだ。「うちは双方向でやっていますから、その心配はありません」と言うが、双方向といったって、基本的には一方通行である。

SVが店長と話すことを想起してみよう。

店長から発せられる言葉は、相づちが大部分である。「そうですねー」「わかりました」「すぐやります」。返ってくるのは、こんな言葉くらいだ。

実際に店に行けば、店の状態も、商品の出来具合いも、働く人の表情も、オペレーションの問題点も、即、手に取るようにわかる。

行けばSVは親身になって店長の悩みを聞くことができる。そして、店長も心を開いてくれる。

リモートでいくら頻繁に連絡を取り合ったところで、それは伝達である。コミュニケーションが密になる、ということはない。

リモートでいいなと思ったのは、餃子の王将の、調理実習のリモート化である。

本部に集まって実地にやるに越したことはないが、本部での調理実習が複数店で受けられる、というのは、効果が大きい。撮影の仕方で調理の肝の部分が手に取るようにわかるし、質問もできるし、1回の実習で視聴できる人間の数のケタが違う。

それから、今普及している教育・訓練の動画配信もよく出来ている。

教育・訓練というものは、個々人の進行具合に合わせて、個別的に施《ほどこ》さなければならないものだから、個別対応できる動画配信は、有効である。

ただし、これもあくまでもサポート機能である。最終的な教育・訓練は、生身《なまみ》の人間同士の直《じか》のコミュニケーションによってのみ、成果が上げられる。

しかし、リモートの普及はすさまじいものがある。

社会全体がリモートの常態化に突き進んでいる。

ビジネスだけではない。

大学の授業もそうだ。

リモートのラクチンさに、すっかりハマってしまったのだ。

大学の先生がラクチンさに味をしめ、元の授業に戻りたがらない、という話を聞いたことがある。大学としても、経費はかからないし、言い訳は立つし、当分リモートを続けましょう、ということで、教育の質はガタ落ちである。

外食業は、人と人との接触で価値を生むビジネス

外食の人材もそうだ。

リモートで人材が生まれるのであれば、こんなに楽なことはないが、本物の人材は育たない。

たとえばの話、日報、月報だけを見て、店長を評価できるか。

オフプレミスに力こぶを入れて、売り上げをグングン伸ばしている店長を高く評価する。

一方、実際来店したお客に、１００％のＱＳＣを提供して、体験価値をコツコツと高

めている店長は、なかなか売り上げが上がらないので、ぜんぜん評価されない。

スーパーバイザーが足繁《あししげ》く店に通って、店の状態をチェックし、店長に正しい親身の指導をしていれば、こんなバカなことは起こらない。

ダメな店はダメ、ダメな店長はダメ、店に行けば一目瞭然である。

店長会議も、実際に開かれるのと、リモートで済ますのとでは、歴然たる差が出る。

1ヵ所に集まって、店長同士がコミュニケーションを密にして、侃侃諤諤《かんかんがくがく》やり合えば、公平で統率力があって、人望があって、将来のリーダーの器である人間は、頭ひとつ抜けていることが即座にわかる。もう、人間としての放射力が違う。

ところが、そういう人間が利益を上げているとは限らない。

むしろ小才《こさい》の利く、立ちまわり上手の人間が、目先の利益を上げているケースがしばしばある。

これも時間が経てば、化けの皮がはがれるのであるが、リモート一辺倒だと、小才・小利口の人間がしばらくの間評価されてしまう。

リモートの便利さに社会全体が流されているが、外食業はリモートでまわるほど甘い商売ではない。

外食業は、働く人とお客が直に接することで価値を生み出すビジネスである。最前線が人対人で頑張っているのに、本部と店をすべてリモートで済まそうというのは、あまりにも外食業の本質を知らなすぎる。

繰り返すがリモートのツールは、役立つこともたくさんあるが、本物のコミュニケーションをより密にするための、バックアップツールである。

そのことを忘れてはいけない。

困難な中でも、人と人との交わりを大事にし続けた外食業、そして、オフプレミスにのめり込まずに、働く人とお客とのコミュニケーションの向上に努め、イートインのお客にあるべきQSCを提供することに努力をし続ける外食業、つまり、まっとうなことを持続的にやり続けたところと、そうでないところとの差が、はっきりする時代に入った。

そして、その差は、すでに確実に出はじめている。

（2022年5月）

9

経営トップが引きこもりで、お客は外出してほしい。虫が良すぎる話だ

食べ歩きへの情熱がすっかり衰えてしまった

昔、ストコンという言葉がよく使われていた。今使われているのかどうかはわからないが、ストア・コンパリゾンの略語である。

コンパリゾンは比較という意味だが、ストア・コンパリゾンとは要するに、店舗チェック、店まわりである。

「よし、今日はストコンの日にしよう」と、トップが言うと、4～5人の社員がハジかれたように立ち上がり、車を連ねて、同業チェーンの店や話題の店の見学、下見に出かけるのである。

私も、いろいろな外食企業のトップやメンバーにくっついて、ストコンに出掛けたものだ。

そのときにメンバーたちの間で交わされる会話が、非常に勉強になった。

一度にたくさんのメニューを注文して、もちろんシェアをしながら、ああでもないこうでもない、と論評するのだが、なるほどプロはこういう見方をするのだな、と目が開かれる思いを、何度もした。

そして、参加者たちがよく食べること食べること。

ランチから深夜まで、10店くらいの店まわりをして、その1店1店で目一杯メニューを注文して、それを全員で、完食する。

店では食べるばかりではない。店内、店外をウロウロしたり、背伸びしてキッチンをのぞいたり、写真を撮ったり、といずれの参加者もまことに落ち着きがない。

明らかに「同業者」とわかる行動だが、他のお客に迷惑をかけているわけではないから、店の人は（写真撮影以外は）注意することもできない。

そのとき気がついたことだが、店や商品について悪口を言わないトップ（社長）が多いのだ。

部下のほうが、辛口の批評をする。

とくに、調理担当者が商品の悪口を言う傾向が強い。厳しいことを言ったほうが、自分の評価が高まるとでも思っているのだろうか。

悪口を言う人間は、ストコンの間中、悪口を言い続けていなければならなくなり、ストコンから得るものはまったくなくなる。

トップは、どの店でもいいところを見つけることによって、部下の否定的な言動をやんわりとたしなめているのである。

もちろん、同業者の見学は今も続いているのだろう。そして、ストコンも細々と行われているのであろうが、業界全体の熱が下がってしまったような気がしてならないのだ。ストコンも、ワイワイ、ガヤガヤが消えて、専門チームの静かなマーケットリサーチのようなものに変わってしまっているのではないか。

かく言う私も、寄る年波には勝てず、ストコンの回数はめっきり減った。ほぼ毎週、週末にはストコンに出掛けるのだが、1日に巡回できる店数が減ったし、そもそも注文するメニュー数が激減している。

いちばんいけないのは、驚きや感激がなくなったことだ。

昔ならば腰を抜かすくらい驚いて、これこそ新しい時代の到来と激賞したりしたものだが、今は新しい店に行っても、特別の感慨はなく、自分の頭の中の「業態別仕分け箱」に放り込んで、わかったつもりになって、それでおしまい。

「これではいかん」と思うのだが、胃力、体力、好奇心の衰えは、いかんともしがたい。

体力、食欲、好奇心が衰えてきたら、トップは身を引こう

そして思うのだが、多くの外食業のトップが、私と同じ境遇に陥《おちい》っているのではないか。

高齢化が進み、好奇心を失い、外に打って出ることが少なくなり、新しい店、新しい

トレンドに触れることが億劫《おっくう》になっているのではないか。

それどころか、前述のように自分の店に出掛けていく回数も、少なくなっていたりする。

外食業の経営者がこうなったら、即隠退すべきであろう。

たとえば、今年に入ってからでいい。

あなたは、ストア・コンパリゾンをどれくらいしましたか。他社の店に何店行きましたか。そして、その店のメインメニューをちゃんと食べましたか。

あなたは、自店を何店訪問しましたか。そこで、店長と腹を割って会話をしましたか。

店長以外のクルーに励ましの言葉をかけましたか。

そして、自店のメニューを1品でも、しっかりと食べましたか。

自信を持って答えられる経営者は少ないのではないか。

さらに、トップとして大事な仕事として、試食がある。

看板商品を改良しました。看板商品のバリエーションを増やしました。新商品を開発しました。

これらのすべての新商品を、経営者は試食しなければならない。

それをやらないトップは、少なくとも外食業のトップとしては、失格である。

外食業は、時流商売の面が強い。

寿命が短い。

同じ業種の商売でも、売り方（業態）はガラガラと変わる。

だから、オフィスなんかに閉じ込もっていてはいけないのである。すぐに、時代から取り残されてしまう。外に打って出て、時代の風に直接触れ続けなければならない。

単独店でも同じことが起こる。

センス抜群で、時代の圧倒的な支持を得ていた繁盛店のシェフオーナーも、10年も経たないうちに、感覚は鈍り、新しい商品を生み出せなくなって、お客の支持を失う。

あんなに冴《さ》えていたあの人が、と驚くぐらいに凡庸《ぼんよう》なものしか生み出せなくなり、旧態依然の商売にしがみつくことになる。

個人店の世界は、新旧の世代交代が続けば、それでよいのかも知れないが、外食企業はそうはいかない。永続しなければならない。

永続の要因はいろいろあるだろうが、コアは、トップの時代変化を読み抜く感度の良さであろう。

その感度のベースになるものが、食に対する並々ならぬ好奇心と大食であると思う。

この2つは、若くなければ持てないものだ。

食べることが苦痛になってきたなー、新しい店に行くことがしんどくなってきたなー、と思ったら、潔《いさぎよ》く身を引くべきであろう。

引きこもりながら、お客の「外出」を促《うなが》すのは、虫が良すぎる

繰り返すが、外食業のトップは若くて元気で、大食でなければならない。

面白そうな店ができたと聞いたら、取るものもとりあえず、すっ飛んでいくくらいの身の軽さと好奇心がなければならない。

外食業もすっかり成熟ビジネスになっていて、それに連れてトップの高齢化が進んでいる。

オーナーがトップというのならば、ある程度頑張ってもらわなければならないが、サラリーマンのトップの「長居」が目立つ。

自分の会社でもないのに、「あなたいつまで頑張るつもりだ」と聞きたくなるくらい、地位への執着が強くなっているのである。

一定の収入が保証されれば、1年でも長くやりたいと思う気持ちは、わからないではないが、外食業はそれが許されない特別の分野なのである。

コロナからこっち、私は日本の外食業に強い危機感を持っている。

お客が来なくなったというのも、危機だが、それ以上に、外食業全体が〝出不精〟になっているような気がしてならない。そっちのほうがよっぽど危機だと思っている。

引きこもりである。

打って出ること自体が、やってはいけないこととなり、座業がやたらに増えている。その座業も、オフィスワークではなくなり、ホームワークに移行している。

店長全員が集まる店長会議は行われなくなり、会議の後の宴会も、もちろん自粛である。

スーパーバイザーですら、自分の責任範囲の店に行く回数が減っているのである。

コロナが始まったばかりの頃は、トップも「これじゃまずいよな」という危惧《きぐ》があったものだが、慣れとはおそろしいもので、これが常態化してしまい、経費もエネルギーも節約できていい、という肯定の考えに変わってきていて、業界全体の引きこもり化が進んでしまっている。

そうなれば当然のことで、外食業全体の沈滞の度合いは刻一刻と深まり、新しいものを生み出す力を失っていく。

外食業は外出業と言われるくらいで、強烈な磁力を持った店に、お客が引き寄せられることで成立するビジネスである。

店は、家やオフィスからお客を引っ張り出す力を持たなければならない。

その引っ張り出す力が、失われつつあるのだ。

それでも、私の知っているひと握りの若い経営者たちは、実によく他店をまわっているし、自店の店長との濃厚接触もやり続けている。

そういう経営者の店は元気がいいし、コロナ禍でも打つ手が的確である。そして、新商品を、新業態を、次々に生み出す力を持っている。

何よりも、店長以下、店で働いている人たちが溌剌《はつらつ》としている。

外食全体がこういう生きのいい経営者によって運営されれば、どれだけ魅力的なフィールドになるか。しかし残念ながら、若くて元気で生気あふれる経営者は、少数派である。

日本の外食業が活気を取り戻すためには、経営者の若返りが、焦眉《しょうび》の急《きゅう》であろう。

今はコロナ事情もあって、引きこもりが常態化してしまっているが、外食業にとってはこれは異常事態なのだ、という危機意識を持っていなければならない。

お客の外出を願うのであれば、まずは、外食業の担《にな》い手たちが、積極的に外に打って出ていくことだ。

（2022年9月）

10

値上げしても、サービス力を強化すれば、客数減を抑えられる

店長の目の色が変わって、店が生き生きとしてきた

サイゼリヤにはずいぶん厳しいことも言ってきたが、今回は、サイゼリヤを褒めたい。実は、私はサイゼリヤの超ヘビーユーザーなのである。週1回は行く。昼も行けば夜も行く。

他の店がいっせいに値上げをしている中で、しみじみ思うことは、サイゼリヤは安い、ということだ。そして、商品の質が高い。価格価値が抜群なのである。

行く度《たび》に思うことだが、客数が増えている。とくに土、日は、ファミリー客が明らかに増えていて、どの店もウエイティングが出ている。

そして、家族は料理をシェアをしながら、食事を楽しんでいる。

創業者の正垣泰彦会長が創業時に思い描いた通りの使われ方をしているのである。すかいらーくのガストやバーミヤンとは大違いである。こちらのお客は、食事はついで、場所が欲しいだけ、というお客ばかり、とは言わないが、そういうお客の比率が高い。

そして、サイゼリヤは、サービスも良くなっている。

サイゼリヤといえば、働く人が少ない、それも料理を持ってくるだけ、というサービスレスのイメージが強いだろうが、そうではなくなっているのである。

まずは、明らかに店長たちのヤル気が出てきた。目の色が違うし、動きが俊敏になっていて、目配りが行き届くようになった。

社長が変わると、ここまで変わるのか。

働く人がシャキッとしてきた。組織に血が通いはじめた。

サイゼリヤは、生産性の向上にはとりわけ熱心なチェーンであるが、店長がヤル気になれば、さらに生産性は一気に上がる。

だって、店の支持率が上がって客数が伸びれば、生産性なんてハネ上がるでしょう。全社一丸、ヤル気集団になれば、あらゆる生産性向上ツール（たとえば、ロボット）を凌駕《りょうが》する結果が出るのである。当たり前の話だ。

店長を会社の味方にする。働く人たちを店長の味方にする。これが実現できれば、店はいい方向へいい方向へと回りはじめる。

サイゼリヤは、その良い循環に入り始めた、と私は見る。

サイゼリヤは、意外にもアナログなチェーンなのである。

タッチパネルの導入には消極的だし、ロボットも入れていないし、FRグループの中では、ロイヤルホストと並んで、（中身は違うが）レストランの原型をとどめている。

また、宅配もやることはやったが、ガストのようなのめり込み方はしない。根本的に否定的だ。

それはやはり、先述の正垣会長の「こう使ってほしい」というフィギュア（サイゼリヤはこうありたいという姿）が強烈にあるからだろう。

そのフィギュアを毀損《きそん》するような方向には向かわない。

サイゼリヤの生産性追求の仕方は、尋常ならざるものがあるが、レストラン業の原型を守りながら、極限を追い求めている。

外食業界全体に衝撃を与えた価格凍結宣言

サイゼリヤは、10月12日（2022年）、この値上げラッシュの中、価格凍結宣言を発した。「値上げはしません」と言い放ったのである。

この時期に、凍結宣言を出すのは、よほどの勇気が必要である。

食材費についても、人件費についても、水道光熱費についても、先行き不透明な部分が多すぎる。

そして、好転する（コストが下がる）見込みは、ほとんどない。多くの外食チェーンが値上げを敢行し、再度の値上げをしようと、情勢を見極めているそのさ中での、「凍結宣言」。

これは業界に衝撃を与えた。

まさに乾坤一擲《けんこんいってき》の勝負に出たのである。

もっとも、サイゼリヤも客単価を上げようとはしているのである。

200円、300円、400円の基本の価格ラインは変えず、確かに既存の主力商品の価格は据え置いている。

しかし一方で、高単価ラインに商品を微妙に移動させてもいる。

また、サイゼリヤはサイドディッシュの豊富さ、安さが売り物であるが、これらの商品群を強く訴求することで、注文皿数を増やし、これによっても客単価の上昇を目指す。

もっとも、これはシェアレストランの楽しさを強化することであるから、正垣会長のイメージするサイゼリヤ像に近づくことになる。

だから、久しぶりに来店したお客は、ちょっとメニュー価格が上がったかな、という印象を持つが、それよりも、商品の質の高さとサービスのレベルが上がったことに、驚くのである。そして、サービス力の向上は、必ず注文皿数の増加につながる。

さて、ここからが今回私が言いたいことなのだが、値上げで支持率を落とさない（客数を減らさない）最善の策は、サービス力の向上である。

逆に言えば、値上げした上にサービス力が落ちれば、目も当てられないような客数減に見舞われる。

そして、大方のチェーンが今やっていることが、値上げの一方で、人減らし（サービス力下落）である。

タッチパネル注文も、お運びロボットも、自動精算も、今や当たり前の時代になってきた。私もそのすべてを否定するつもりはない。時代は省人化ツールを使わざるを得ない方向に進んでいる。外食に限らずだ。

しかし、「それでどうなんです。サービスの質は上がったのですか、お客の満足度は高まったのですか、従業員のヤル気、前向きな姿勢は強まったのですか」と問いたい。

イエスと答えられたときのみ、その装置なりマシンの導入が成功だったと言える。

たとえば、ロボットの導入。

これで、働く人のお運び労働が軽減されて、より高次のサービスに専心できれば、それは成功だ。しかし、私はロボットと同じレベルの労働をやっていたわけか、こんなものに取って代わられるような労働しかやってこなかったのか、と働く人が思ったとしたら、その時点で導入は失敗である。

要は何を目指すか、である。

安い時給の働きマシン（ロボット）のおかげで、人件費を減らせる、と考えた時点で、働く人のヤル気は落ち、客数減が始まる。

そして、残念なことに、多くのチェーンは、こちらに向かっている。

久しぶりに行ってみたら、バカに値段が上がっている、働く人の姿は見えず、ロボットだけが無表情に（当たり前だが）店内を動きまわっている。

そんな店に、「よし、また来よう」などと思うお客がいますか、ということである。

値上げして、サービスの質を落としたところは、永遠に立ち直れない

繰り返すが、値上げで客数を減らさない最良の方法は、サービスの質を上げることだ。

というよりは、サービス力に満足しているお客は、値上げしてもそう簡単には店を見棄てない。

変な言い方だが、「サービス力は七難《しちなん》を隠す」のである。

とくに、長いコロナ禍の下で生活を送っていた人たちは、外食に何を求めているのかというと、温い心のこもったフレンドリーなサービスなのである。

はっきり言って、宅配、テイクアウト、ドライブスルーには飽き飽きしている。

温い空気と心の通うコミュニケーション、そして快《こころよ》いにぎわい性、これを求めて、家からオフィスから、外食店に向かっていくのである。

居酒屋などのアルコール業態でも、今はお客であふれ返っている店と、相変わらずガ

ラーンとしている店とに、真っ二つに分かれている。

安い店にお客が戻っているかというと、そんなことはない。

働く人が生き生きとしていて、クイック&フレンドリーなサービスが行き届いていて、店の空気が淀《よど》んでなく、活気に満ち満ちている店。そして、クレンリネスが行き届いた店に、お客は集中している。

長い蟄居《ちっきょ》からようやく解放されたときに、人はどういう店に向かうのか。

少し考えればわかりそうなものなのに、そこに思いを至さずに、値上げと人減らしを強行している外食業があまりに多い。

サービスレスの店なんかに行きたくもないのに、値上げとセットでサービスレスに邁進《まいしん》しているのが、今の外食業の大半だ。

外食業は今、明暗の分かれ目に立たされている。

価格を守り、サービスの質を上げたところが、圧勝する。困難な道であるが、やるところはこの道を突き進むであろう。

次に、わずかな値上げにとどめ、サービスの質向上に力を入れて、それを達成したところが、圧勝組の後に続く。

しかし、サービスの向上は人を増やせばいいというものではない。

十分な教育・訓練を受けて、技能を習得した人が、意欲的にお客の満足を得ようと前向きに取り組んだときに初めて、質は上がる。

スキルがあって、ホスピタリティマインドを持った人間集団が楽しく働ければ、どんなツールにも負けない生産性が達成され、お客の満足度は上がる。

肝心なところは、楽しく働いているかどうか、だ。

久しぶりに戻ってきてくれたお客たちに、感動を与えようではないか。

「やっぱり外食の醍醐味《だいごみ》は、店で出来立ての料理を食べて、気持ちのいいサービスを受けて、楽しい時間を過ごすことだな」という、当たり前のことを感じてもらおうではないか。今このときに、外食業の感銘を与えられない店は、永遠に立ち直ることができなくなる。

（2022年11月）

11

テクノロジー武装で激しく進む、テーブルサービスの業態変質

店、働く人、お客の三者のためになるのか、が導入の基準

コロナ以降、フードテックという言葉が盛んに使われている。

本来は、新しい形で食品や調理法を開発するテクノロジー全般を指す言葉だが、外食業の中では、生産性を上げるために開発された機械や装置を指す言葉としても使われるようになった。

コロナ禍の中で、お客のほうからも店のほうからも、非接触販売へのニーズの高まりもあって、券売機、キオスク端末（セルフ注文・精算システム）、提供レーン、メニュー注文のタッチパネル、テイクアウトボックス、自動精算機などのテクノロジーが、一気に

普及した。

支払いも、コロナ前にはキャッシュ・オンリー（現金のみ）の店も結構あった（たとえば、サイゼリヤ）のに、今やキャッシュレス・オンリーの店もよく見掛けるようになった。変われば変わるものである。

企業側のテクノロジー導入の目的は、省人化とオペレーションの簡略化である。

これだけ人が集まらなくなり、時給が高騰している中では、こういったマシンを導入するのも、やむなし、と私も思う。

しかし、外食業なんだから、無原則に導入するのはまずいぞ、とも思う。

ひとことで言えば、外食業が提供する価値を毀損《きそん》するような導入の仕方はいけない。

また、働く人の意欲、モラールを落とすような入れ方もまずい。

お客のためにも、従業員のためにも、益することのないテクノロジー導入は、断固阻止すべきである。これが私の考えである。

たとえば、食器洗浄機というものがある。わが家にもある。

あれの普及で、外食業で働く人の過酷で単純な労働がどれだけ軽減されたことか。皿洗いという労働から解放されたおかげで、働く人は、料理をつくるとか、いい盛り付けをするとか、クイックに提供するとか、お客に対して心のこもったサービスに専念するとか、外食業の本来の仕事に力を入れることができるようになった。

労働時間も短縮するのだから、食器洗浄機は、お客にとっても、働く人にとっても、経営者にとっても、有難い機械である。

このような「三方一両得」のような導入の仕方ならば、大賛成である。

私は、新手《あらて》のテクノロジーマシンが出るたびに、それって三方一両得になるの、という問いを、常に心の中で発するのである。

ファストフードも外食業。サービスを棄ててはいけない

外食業には大別して、ファストフードとテーブルサービスの2つがあるが、テクノロジー

が馴染《なじ》みやすいのは、ファストフードである。

ファストフードは、今や外食業の最大領域であるが、厳密に言うと外食業ではない。

厨房での作り置きの仕組みの上に成り立つ物販業である。

外食業というのは、本来の形はテーブルサービス業にある。

お客が入店する。席にご案内する。お水とおしぼりを提供して、注文を聞く。それをキッチンに伝える。食材を揃えて調理をする。盛り付けをする。出来上がりをディシャップに置く。盛り付けを確認して、お客が着席しているテーブルにクイックに運ぶ。サービスをする人は、ディシャップとテーブルの間を何度も行き来して、お客の要望に応えなければならない。これが外食業の原初的な姿である。

複雑で生産性が悪い。

この生産性の悪さを、作り置き式の物販化、カウンター渡しという形で克服しようとしたのが、ファストフードなのである。

先述したが、外食業の歴史の中でも、最大の発明品と言ってよいだろう。

お客にとってのメリットは、提供の早さと安さである。お客の要求がそもそも、安い、早い、便利、なのであるから、それをさらに促進してくれる仕組みの導入には抵抗はない。

かくして、ファストフードにおいては、テクノロジーが積極的に導入されるところとなった。

たとえば、キオスクオーダーであれば、従業員はカウンターでお客の注文にいちいち対応しないですむし、その分商品のメーキングに専念できるから、提供時間も早くなる。お客との接点は、カウンターで出来上がりの商品を手渡すワンポイントだけに限定される。

ただし、条件がひとつあって、お客がキオスク端末での注文に習熟していなければならない。

親和性の高い機械であっても、導入時に必ず生ずるのが、お客の取り扱い上の不満である。これを解消するためにも、必ず案内係をつけて、お客への教育・訓練を徹底しなければならない。

ここで頭に刻み込んでおかなければならないことは、ファストフードも外食業の一種である、という厳然たる事実だ。

つまり、店舗調理とサービスを棄ててはならない、ということだ。

キオスク端末を導入すると、サービスの接点が、カウンターで商品を渡すときの一点に絞られる。

それだからこそ、その一点に全力を傾けて、「外食業のサービス」を発現しなければならない。

良質な町の飲食店が、テクノロジー武装店を反省させる

ファストフードは確かに、フードテックの威力をいちばん出し易い外食業であるが、それだからこそ、限られたポイントのサービスが重要になる。

マクドナルドは、それができている。

フロアにも案内人が頻度高く巡回して、お客への声掛け、バッシング、メニューのお運びの手伝いなどを、積極的に行っている。

一方、テーブルサービスは、前述のように働く人がテーブルに足繁く通うことによって成立する、本来の形の外食業であるから、テクノロジーとの親和性は低い。

テーブルサービスの本来の形を守り抜こうとすれば、ファストフードとの業態としての差異は、さらに広がる。

そして、テーブルサービス自身が、テクノロジーを積極的に活用するグループと断固背を向けるグループとに分かれていく。

テーブルサービスの中でも、入店、席決め、着席、注文まで、そっくりマシン頼り、という店が増えてきた。

もともと親和性の低いテーブルサービス業でテクノロジーを導入しようとするのだから、ここで猛烈な業態変質が起こる。

業態変質というよりは、新しい外食業の誕生と言ったほうが、適切であろう。

そう、まったく新しい、テクノロジー武装型のテーブルサービス業が今生まれているのである。

私は、テーブルサービス業の革命が起こっているのだから、やれるべきことは何でもやってみるべきだ、と思っている。

そのときのポイントは、先に述べたように、「三方一両得になるのか」の確認である。マシンの導入で料理はおいしくなるのか、サービスのレベルは上がるのか、働く人の労働負荷が軽減されて、楽しく生き生きと働けるようになるのか、これが導入の基準である。労働生産性の向上だけを目的にした導入は、やるべきではないし、必ず失敗する。つまり、客数が減って、高い生産性も達成されない。

一方、外食業は店舗で働く人が価値を生み出すビジネスである。

具体的には、店舗調理とサービス、そしてクレンリネスである。

テクノロジーは、この働く人への依存度を低くすることを目的にして導入するものであるから、本来の調理とサービスから離れていくことは、避けられない。

しかし、もはや背に腹は変えられない。大方のテーブルサービス業が、強弱の度合いはあるが、テクノロジー武装型にならざるを得ないだろう。

そして、テーブルサービス市場のある部分は、この武装型グループが占めることになる。

ここで俄然《がぜん》面白くなるのが、旧態依然のテーブルサービスを固守しているグループである。

企業もあるが、個人店、生業店がそれである。とくに、個人店、生業店が面白い。

２０２２年の後半以降、コロナ規制が弱まってきた頃から、昔ながらの個人店、生業店のお客の戻りがいい。

町中華店、町居酒屋、町そば店、町洋食店で、調理人がちゃんといて、チェーンでは出せないレベルの料理を出している店が、活気づいている。

とくに老舗の居酒屋なんかに行くと、お客が店の外にまであふれ出ている。値段も安くないのに、である。

お客は、ハイテク武装型の店にも行くが、非武装型のこういう昔ながらの店に対して、限りない愛着を抱いている。コロナの期間を経て、こういう（手づくりの料理と心温まる交流がある）店がなくなってもらっては困る、と真底思いはじめているのだ。

外食の産業化の流れの中で、こういう店はどんどん減って、絶滅危惧種になりつつあったが、コロナを契機に、「無くなってもらっては困る」ということを、お客が痛切に感じはじめたのである。私もそう感じる。

しかし、個人店、生業店が、コロナを境に一大復活をするとは思っていない。絶滅危惧種であることは、変わらない。生きづらさは同じだろう。

しかし、ちょっと値段は高いけれども良質な個人店は、残る。そして、支持率は高まる。良質な個人店は、外食業が本来どういう姿であるのか、を身をもって教えてくれる。

そして、過度にハイテク武装して醜い姿になったテーブルサービスのグループを反省させる鏡の役割を果たしてくれる。

（2023年1月）

12

「安くていい食材」なんて、もうこの世には存在しない

スーパーのそうざい売り場が、外食のお客を吸引している

食品スーパーのそうざい売り場を集中的に見てまわっているのだが、その日進月歩ぶりに圧倒される。

品揃えは豊富になっているし、値段は手頃だし、材料は吟味されているし、ポーションも研究されているし、トレンドはしっかり押さえられているし、パッケージはおしゃれだし、何よりも値段が安い。そして、陳列が美しく、見て歩いていて、楽しい。

外食相当商品は、ほぼ全品揃えられているが、大雑把に言って、価格は外食の一般価格の7掛けなのではないか。

こりゃ、外食は負けるわな、としみじみ感じ入ってしまう。

そして、いろいろと買い込んで家で食べてみるのだが、食品スーパーによって、差は大きい（私のごひいきは、ヨークベニマル、ヤオコー、ライフ）が、味と質で、外食に勝《まさ》っている商品も多く見受ける。

もちろん、食品スーパーといっても、そうざいに強いところもあれば、弱いところもある。

そして、そうざいのレベルが、食品スーパーの優劣に連動しているように見受けられる。

そうざい売り場が強いところが、食品スーパーとしても強いのである。

データを見ると、このコロナの3年間で、食品スーパーのそうざい売り場は売り上げを確実に伸ばしている。

コロナは外食（テーブルサービス）離れを引き起こしたが、その間に食品スーパー（の優良グループ）は、地元顧客をガッチリと押さえたのであった。

コロナ規制が緩《ゆる》んで、外食のテーブルサービスにお客が戻りつつあるが、回復力は鈍い。

というよりは、順調な回復をしているチェーンは、ごくひと握りなのである。回復力の弱さの原因のひとつが、食品スーパーの実力が上がったことにあるな、と私はにらんでいる。

規制緩和でやれ嬉しやと、お客はいったんテーブルサービスの店に戻ったものの、あまりの変わり果てた姿を見て、心に決めたのである。「もう二度と足を踏み入れるまい」と。テーブルサービスのぜんぶの店がそうだと言っているわけではない。

でも少なくない数の店は、働く人は減っているわ、訓練は行き届いていないわ、店は古いまま放置されているわ、掃除は行き届いていないわ、でお客の期待を大きく裏切ってしまったのである。

それでも、商品力が元のままであったならば、救われるのだが、質も落ちているところが多い。

調理技能の低下も原因であるが、どうやら食材の質も落としているようなのだ。

そして、最後のとどめは価格である。値段だけは大胆に上げているのである。値上げはいたしかたない状況ではあるが、上げるに当たっては、仁義というものがあるでしょう。

商品の質は変えない、という仁義が。

繰り返すが、こんな店ばかりではない。商品も店もサービスも、ピカピカに磨き上げられていて、外食の魅力全開の店も、もちろんある。

しかし、こういう店はむしろ例外で、外食をする楽しさは、総体的に低下してしまっている、と言わざるを得ない。

そして、外食に見切りをつけて、食品スーパーのそうざい売り場に行く回数が増えていることは、数字にちゃんと表れているのだ。

「おいしいものは、おいしい原材料でなければつくれない」

いちばんの問題は、メニューの質の低下である。使用食材のランクを落としているのだ。

2022年2月からのロシアのウクライナ侵攻によって、あらゆる食材が高騰している。食材ばかりではない、水光熱費も資材コストも物流費も、何もかもが暴騰に近い上がり方をしている。

外食業は少しでも安い食材はないものか、と血まなこになって探している。

血まなことは言っても、自分の足で探しているわけではない。取引先を呼んで圧力をかけ、卸し売り価格を上げさせないように交渉したり、取引をやめるぞ、と脅《おど》しをかけたり、で「買ってやっている」という高飛車な姿勢は昔のままなのである。

「もうそんな時代ではないんですよ」と言ってあげたいが、長く続いた癖はなかなか直らない。

良質な会社は、どこも取引先を仲間と思っている。そして、そういう姿勢を持っているところだけに、いいモノが集まる。

結局、取引先を叩き続けてきた会社は、食材の質を一段下げて、価格だけを上げるというところに落ち着くのである。

仕入れ担当者は、こういう緊急時は少しくらい質を下げても大丈夫だろう（バレないだろう）と考えてしまい勝ちだが、大丈夫なわけがない。すぐにバレる。

とくに、コアの顧客は即わかる。高い頻度で食べているのだから、当然である。「食材を変えたな」と。コアの顧客はそう認識した時点で、もう二度とこの店に足を運ぶことはない、と心に期する。当然の決意と言わなければならない。

以下は、1970年代のアメリカのビール会社で起こった本当の話である。ある本で読んだ。

そのビール会社の経営者は、「95％の品質を維持して、これまでの50％のコストでビールをつくろう」と考えた。

そして、ほとんど味は変わらないが、安いコストでできるビールを開発した。安く売れるから、よく売れたのである。

そうなると、競争相手のビール会社も必死に価格を合わせてくる。そこで、このビール会社は、もう少し安い原材料を使って、さらに安いビールを開発した。

これも、そこそこ売れた。

しかし、これが何回か繰り返された結果、どうなったか。

この会社は、飲むに耐えない水っぽい汁の大量在庫を抱えて、倒産したのである。

「そりゃ当然の帰結でしょ。うちはそんなことはやりません」と、大部分の会社のトップは言うだろうが、仕入れ価格を抑えたい、とにかく安く買おうという姿勢は、取りも直さずこのビール会社と同じことをやっているのである。

取引先をいじめて叩いて、いいものが手に入ることなど、あり得ないのである。

取引先も追いつめられて、代替品《だいたい》の提案をしてくる。

「味はほとんど変わりません。価格はグッとお安いです」と。実際に試食をしてみると、確かにほとんど変わらない。「これならいけるんじゃないか」ということで、「採用」になるが、この一歩を踏み出した先には、ビール会社と同じ運命が待ち受けている。

安くていいものなんて、もはやこの世にはないのである。いいものは高いのである。

「おいしいモノは、おいしい原材料でなければつくれない」。これは、ヨークベニマルのそうざい部門の小会社、ライフフーズ（現在は、ヨークベニマルのデリカ事業部になっている）の創業者で、2022年リタイヤした、大高喬樹《きょうじゅ》氏の言葉である。

質の高いそうざい売り場づくりに人生を捧げた氏が、到達した真理が、これだったのである。

そして、「良い食材は、自分の足で探さなければ見つからない」。これも、大高氏の言葉である。

しかし、この言葉を実践している外食業は、驚くほど少ない。

客数は元に戻るが、失われた信用は二度と元には戻らない

食材の質がジワジワと下がるのは、企業のトップのせいである。

トップ自身が、食材の仕入れ、価格抑制を強く求めるからだ。

そして、先のビール会社のトップのように、「95％の品質ならばＯＫよ」と公言してはばからないトップも、少なからずいるのだ。

そうなれば当然、安いものを手に入れた、あるいは、取引先の値上げ要請をハネつけ

た仕入れ担当者が、高く評価されるところとなる。

モノの値段は軒並み上がっているのだから、状況は、食品メーカーも食品スーパーも、コンビニも同じではないか、という反論があるだろう。

状況は同じである。

しかし、残念ながら、業界全体でみると、食品メーカーや食品小売業のほうが、食材の質に対する基準は厳しい。

高くなったから安い材料ですます、というようなことはしない。

なぜ厳しいのかと言うと、競争の歴史が違うからである。

また、規模が大きいから、バッタ買いのようなゲリラ的なことはできない。

さらに、歴史が長いから、材料の質を落とすという悪手《あくしゅ》を指して、消費者から手痛い反発をくらった経験が多い。先のビール会社のように。

だから、食材の質を落とすような、消費者の信頼を損なうようなことはやらない。

彼らがやることは、値上げかポーションを減らすか、そのどちらかである。

それから、もうひとつ。産地や生産者とのパイプの太さと数が違う。

これも歴史の違いに由来する。

本当にいいものは、現地に行って実地に生産者に会わなければ手に入らないことを、彼らは過去の長い経験から骨身に沁みて学んでいるのだ。

値上げも確かに客数を落とす。

しかし、価格を守っても質を下げてしまっては、信用を失う。

客数は回復する可能性があるが、失われた信用は二度と取り戻せない。


（2023年3月）

13

メニュー拡大と価格帯の間延びで、「何屋」だかわからなくなっている

高単価メニューの導入で、価格帯がぼやけてしまった

このコロナの3年間で、外食業の行動がとても軽はずみになった。

じっくり腰を据えて戦略を練る、業態や商品を開発をする、という姿勢が弱まった。

浮き足立っているのである。

コロナという未曾有の危機の中にあっては、手をこまねいて何もやらないよりは、とりあえず何でもやってみる、ダメだったら違うことをやってみる、という態度は間違ってはいなかった。

誰も経験したことのない漆黒《しっこく》の闇に入り込んでしまったのだから、あらゆる手を尽く

して脱出口を探ることは、生き延びるためには、必要な行動であった、と思う。

でも、もう3年を過ぎて、闇の中に光明を見出しつつあるのだから、軽はずみな行動はそろそろ止めるべきだ。状況は変わったし、その変わった状況に合わせて、生き方も変わらなければならないが、基本的には元の立ち位置に戻るべきである。

まずは、メニューを本来の形に戻す。

コロナ禍の中にあっての、新メニューの開発と投入は異常だった。

主にオフプレミス用のメニュー開発に、血道《ちみち》をあげてしまった。

とくに、テーブルサービスグループの新メニュー開発は、すさまじかった。

本物のファストフードは、主力メニューを明確にして、メニューを絞り込まなければ、ファストフードとして機能しない。業態の基本構造からして、いたずらにメニューを増やせない。

だから、野放図なメニュー開発は行われなかった。抑制が利《き》いていたのである。

一方、テーブルサービスにはその制約がない。

キッチンの製造能力の問題はあるが、何をやっても（どんなメニューを入れても）店はまわることはまわるのである。

テーブルサービスは、元々、融通無碍《ゆうずうむげ》の外食領域なのである。別言すれば、抑えが利かない。

だから、いったんタガがはずれると、次から次へと新メニューが生み出されていく。デリバリーやテイクアウトに合えばいい、ということで、己れの本来の領域からはずれたメニューも、矢つぎ早に投入されていった。

もう何屋かわからなくなってしまった店もあった。

自分の専門領域のメニューではないから、当然レベルは低い。

いけないのは、本来の専門店としての主力メニューの品質も下落してしまう点だ。

専門店のメニューをつくることに特化した形で、調理機器、器具が取り揃えられ、技能が温存されていたのに、それがあれもやりますこれもやりますになったら、調理技能そのものが下落してしまう。当然の話である。

また、メニュー拡大の中で、価格帯が広がっていった。客数の減をカバーすることが狙いだったのだから、高単価商品の開発に力を入れざるを得なかった。

ひとつの例として言うと、600円～980円を主力価格帯にしていた洋食系ファミリーレストランが、いきなりうな重2800円を入れるようなことが起こった。冷静になって考えると、気が狂ったとしか思われないようなことが、実際に行われていたのである。

程度の差こそあれ、高単価の新メニューの投入は、多くの店で熱心に行われ、その結果、自分が得意とする価格帯がすっかりぼやけてしまった。

極論すると、業態とは価格帯を指すのである。価格帯を決め、ここで戦います、ということを明確にすることが、ビジネスの本源であるはずなのに、それが取り払われてしまった。

土俵のないところで、相撲を取っているようなものだ。

中途半端にはじめて失敗。そして敗因をきちっと検証もしない軽はずみは、業態開発にも表われている。

ふつう、業態開発といえば、社運を賭《と》して、全社的なエネルギーを注《そそ》いで行われるものである。

精鋭部隊をつくって、マナジリを決して進められるべきものでなければならない。

ところがコロナ以降、安易な業態開発が目立つようになった。

「とりあえずやってみましょうや」と、鼻歌まじりでつくったのではないか、と思われるような〝新業態〟が雨後の筍《たけのこ》のようにあちらこちらで生まれるようになった。

案の定、そうして生まれた店は、中途半端なものがほとんどで、「やっぱりダメでしたねー」で、消えていったのである。

ここでもメニュー開発と同じように、自分の得意分野と何ら関係ない領域での開発が次々と行われていった。

フルメニュー型の和食店が、そばに特化した、あるいはうなぎに特化した専門店を出す。

あるいは、得意メニューに絞ったテイクアウト専門店を出す。

メニューを絞って、小型化して、立地を変えてみる。

これならば、「得意の集約化」なのだから理解できるし、新しい顧客をつかむ可能性もある。

しかし、ただ流行《はや》っている、繁盛店が増えている、というだけで、まったく得意でも何でもない店、たとえば焼肉店を、郊外喫茶店を、カフェを、回転ずし店を、出してみたりする。

無謀の極みと言うべきであるが、先が見えないときは、こういうことをやってしまいがちである。

そして、一敗地にまみれる。

正直に言うと、私は、いろいろなことを軽はずみにやる会社が嫌いではない。

外食以外のビジネス領域を見ても、1人のうつけ者が思いきりのめり込んで開発した商品がバカ当たりした、という例が少なくない。

外食でも、今は押しも押されもしないチェーンになっているが、そのはじまりは、創業者の思いつきで始まった、そして当たった、というケースが、案外多い。

経営者も、すぐに行動を起こしてしまう人のほうが、石橋を叩いて渡らない人よりも、私は親近感が持てる。

当人に後から聞いてみると、「どうしてもやりたかったんだ」という、はなはだ論理性に欠ける言葉が返ってきたりする。

いちばんいけないのは、中途半端に始めて、中途半端に終わるやり方だ。社内では、「あの話はもう言いっこなしね」というヘンな了解だけがまかり通る。

そこには、寝食を忘れて本気で取り組んだうつけ者もいないし、本気で敗因を追求する「空気の読めない一徹者」もいない。ゆるい同調で始まり、ゆるい同調で終わる。究極の無責任体制である。

だから、あとに何も残らない。

新業態とは、主力店の改良版、進化版でなければならない

小器用《こぎよう》者の業態開発が諸悪の根源である、と私は思っている。

外部の「プロ」の力を借りて、とりあえず大きな欠点も見当たらない、そこそこの新業態の店を生み出すことはできるが、お客に衝撃を与えるような突出したものは何ひとつない。

小器用者がつくった店は、一応の条件をクリアしていても、その根源に異常な情熱がないから、ぜったいに顧客を掘り起こすことができないのである。

そもそも、新業態というものは、既存の主力店の改造版、改良店であるべきである。

自動車メーカーの新車のほとんどは、現行車の改造車、改良車ではないか。

飛行機だってそうだ。

現行機の機能を高めるか、燃費を良くするか、トラブルを減らすか、それを実現したものが、「新型機」と呼ばれるのである。

ということは、外食においても、新業態の開発者は、既存店の未完成部分、欠陥部分、競争力が下落している部分に、徹底してテコ入れをするものでなければならないはずだ。

そもそも、開発者は欠陥や不備を浮き彫りにするほど自社の主力業態を使い尽くしているのか。

「問題はここにある」と自信を持って言えるほど、「現行品」を解剖・検証しているのか。それをしているのであれば、まずはその欠陥の除去に全力を注ぐはずである。主力業態への直視、それが先であろう。

話はコロッと変わるが、ドイツのポルシェの研究所は、本社から25キロ離れた人口7500人の小さな町にあるそうだが、そのチームメンバーは全員がポルシェに乗って、毎日曲りくねって、舗装もされていない悪路を走り抜いて、自社の車の性能の限界に挑んでいるという。

あるとき、市長が、「税金をたくさん払っていただいていますし、市の予算でその悪路を舗装整備いたしましょう」と提案した。

しかし、研究員たちは「頼むから、このままの状態にしておいてくれ」、と市に要請したのである。

この悪路のテストロードがなくなってしまうと、自社の車の走行の限界に挑戦する機会が失われてしまうからだ。悪路のままにしておいてくれ、というわけだ。

研究員たちは、別にポルシェに乗ることを義務づけられているわけではない。しかし、全員が愛し、誇りに思うポルシェに乗って、毎日毎日、悪路でのテスト走行を続けている。

研究者たちが経験する問題点はすぐに、改良テーマに取り上げられることは、言うまでもない。

こうして、車の進化は続くのである。そして、その進化進化の節目で生まれたものが、「新車」と呼ばれる。

外食業で今行われている新業態開発の根本的な間違いを教えてくれる逸話と言えないだろうか。


（2023年5月）

14

値上げに臆病になろう。主力商品1本で戦う覚悟を持とう

ボトム価格を守ったところが、最終勝者になる

こういう混乱期には、新しい外食業がいろいろと出てきて、それはそれで楽しみなのだが、古くさい人間の私としては、腹立たしいことにもずいぶん出くわす。

また始まったか、と言われるかも知れないが、日本の外食業で起こっていて、納得できない事象を槍玉に挙げて、批判を試みることにしよう。

そのひとつめは、**お調子に乗って、価格を上げすぎるな、**ということである。

多くのチェーンが、とくに昨年初めから、ポンポンと威勢よく価格を上げている。しかも、主力商品の価格を、だ。

価格を上げて、給料も上げて、消費欲を高めていかなければ、日本の経済が持たなくなる、という国の大号令があるから、それに乗じて、気持ちよく値上げをしているが、大丈夫なのか。

インバウンド客が増えて、そのお客が取れる店は、確かに潤《うるお》ってはいるが、日本国民の大部分は、貧乏なままなのである。

とくに老人は、いくらも金を持っていない。その老人が増えているのだから、消費が伸びるなんてことは、あり得ないのだ。

一部のハネ上がり者だけが、後先《あとさき》も考えずに、金を使っている。それが、好景気に見えているだけなのである。また、値上げしているチェーンが、客単価も客数も伸びていればいいが、実態は、値上げに慎重なチェーンが、対前年比で客数も売り上げも伸ばしている。

景気よく上げたところの中には、客数はおろか、客単価まで落としているところがある。お客が高い支払いになることを嫌って、安いメニューを注文し、注文皿数を減らすから、こういうことが起きるのだ。

ここにこそ、消費者の実相がある。

価格について感心するのは、やはりサイゼリヤだ。

主力商品の価格のみならず、ほぼすべてのメニューの価格を変えない。

スープが150円、ミラノ風ドリア、辛味チキンが300円、グラスワインが100円、ちゃんとしたステーキが1000円ジャスト（いずれも、税込価格）。すべてのメニューが安価高質。もうこれには脱帽したい気持だ。

このチェーンがもう少しマーケティングセンスが上がれば、圧倒的な人気チェーンになるのだが、そこにはあまり力を入れてはいない。

客数の伸びは半端ではない。ファミリーレストランのみならず、全外食チェーンの中でも、ラーメンの山岡家に次ぐ伸び率である。

価格がいかに大事か、サイゼリヤは身をもって教えてくれる。

客数は、基本商品の質によってのみ伸びる

価格でもうひとつ感心するのは、物語コーポレーションの店だ。値上げに非常に慎重な姿勢を崩さない。

焼肉きんぐも丸源ラーメンも、同じカテゴリーの中では、売り上げトップのチェーンになっているが、その第一の理由は、価格力だと思う。

同じカテゴリーの中でのボトムの価格を押さえることを、常に意識している。

それに加えて、物語グループの店は、商品力が高くて、抜群のサービス力を堅持している。

商品、価格、サービスの三拍子が揃っているのだから、強いはずである。

チェーン化を開始してまだ日も浅い、カルビ丼チェーン、焼きたてのかるびは、まだ8店であるが、基本商品のカルビ丼並は、税込で490円を守っている。[注記]

この前、開店して日の浅い埼玉の越谷店に、日曜日の午後2時過ぎに行ったのだが、イー

トイン席は満席、それに加えて、テイクアウトの待ち客が店の外にまであふれていた。

聞くところによると、たった29坪で月商1800万円を売っているという。まあ、平常営業になれば、売り上げは少しは落ちるだろうが、それでもすごい。さらに、売り上げの6割がテイクアウトだというから、業態力の強さを目の当たりにした感があった。

これも、商品力と価格力を備えていればこそ、である。

ファストカジュアル業態だから、特別なサービスはないが、カウンター越しに商品を手渡すときには、従業員はお客にニッコリと笑って、ひと言やさしい言葉を掛けている。

私の批判の二つめは**メニューを元に戻せ**、ということだ。

どこもかしこも、コロナの3年間でメニューが増えたばかりか、変なメニューが随所に差し込まれている。

自分の得意でないメニューを入れるな。入れたままならば、すぐに引っ込めろ。そして、自分の得意分野（価格帯と品種）をもう一度全社的に確認しろ。こう言いたい。

コロナの3年間で、メニューを増やしても、お客は増えないことを思い知ったはずである。

お客は、主力商品の質と価格によってのみ増えるのだ。

そして、メニューが増えると、主力商品の質が下落する、ということも、骨身に沁みて感じたはずである。

メニューは絞り込めば絞り込むほど、調理技術が集約され、習熟度が上がる。

メニューが増えていいことなど、何ひとつないのである。

今やるべきことは、主力商品にとことんフォーカスすることだ。

もっと質を上げられないか、もっと強くなれないか、もっと人気を高められないか、食材の質と組み立て直しからさかのぼって、徹底的に吟味するべきだ。

その1品だけで戦うことができるか。それを常に自らに問い続けるべきだ。

とりあえずは、元に戻せ。切羽詰まって入れて、ちっとも売れていないメニューをぜんぶはずせ。

単品、スクラッチで伸び続けているレイジングケインズ

つい興奮して、激しい口調になってしまった。すまん。

私が興奮してしまった背景には、アメリカのチキンのファストカジュアルチェーン、レイジングケインズの大躍進がある。

創業は1996年と、比較的若いチェーンであるが、私は創業当時からずっと注目してきた。このチェーンの何がすごいかというと、メニューはチキンフィンガーひとつだけ！なのである。

もちろん、フライドポテト、コールスロー、飲み物メニューはあるが、主力商品はひとつ。チキンバーガーもあるが、これもチキンフィンガーをバンズに挟《はさ》むだけ。

その単品主義を一貫して守り続けながら、成長を続けているのだ。

そのチキンフィンガーは、店での調理力によってつくられる。調理技術の修得は難しく、細かい調理領域ごとに、技術をマスターした人に修了証が与えられ、収入も増える。

店舗調理の負荷があまりに高いために、創業当時「この店は、チェーンになるための条件を揃えていない」と、酷評されたことも、一再《いっさい》ならずあった。

しかし実際は、

❶単品ゆえに、

❷徹底したスクラッチゆえに、

レイジングケインズは、奇跡的な成長を堅持する。

そして、その商品力の質と独自性ゆえに、ファンの数を増やしていった。

私は、こういう揺るぎのない、原理主義のようなチェーンが好きだ。日本にも、業態はテーブルサービスだがサイゼリヤのような原理主義チェーンはあるが、実に稀《まれ》だ。多くのチェーンは、時流を読みすぎる。時流に敏感に反応し過ぎて、結果として、自分を失い、消えていってしまう。

しかし、レイジングケインズは、時流が変われば変わるほど、輝きを増す。

もうひとつ、レイジングケインズは、働く人を大切にするチェーンとしても、有名だ。

全米で「いちばん働きたい会社100」の中のひとつとして、ランクインしている。「外食業で」ではない。あらゆる業種のあらゆる会社の中から選ばれた100社のうちのひとつに入っているのだ。

創業者のトッド・グレイブスさんは、今年51歳だが、こう言っている。

「外食業で働くというのは、本当に大変なんだ。その大変な仕事に従事する人を大事にしないで、どうしていい会社になれるだろうか。なれっこないよね。

だから私は、店で働く人を大事にする。彼らが頑張ってくれることで、お客さまが喜び、会社が成長できるのだから」

（2023年7月）

［注記］2024年8月末では、24店、カルビ丼並は税込で550円。

Canes
ONE LOVE

15

スキマバイト派遣依存で、人材育成の土台が腐り始めている

採用力と教育訓練力が急速に落ちている

外食業の経営者や経営幹部と話しをしていると、パート・アルバイトの派遣会社を使っているところが多いのに、驚かされる。

最近伸びている会社は、「働きたい時間」と「働いてほしい時間」を短時間に結び付けてくれる、スキマバイト派遣サービスである。明日の稼ぎ時に人員が揃わない、急に欠員が生じた、そんなときに必要な人員を緊急派遣してくれる便利な会社で、高齢者の登録数も増加しているらしい。

登録者の中には、定職を持っていて、終業後に2時間だけ飲食店で働く、という人も

いる。

月曜日はA店、火曜日はB店といったように、曜日ごとに働く店が違うというケースも多い。一定の経験を積んだ人が来るから、即戦力にはなる。

外食業は今、喉から手が出るほど人が欲しいところだから、この需要は膨《ふく》れる一方なのである。

新手の商売のように見えるが、昔からあったし、今もある。家政婦の派遣業もあるし、繁忙時に料理人を派遣する料飲業界の団体もある。床屋だって昔は、暮の忙しいときなどには、「会」から人を送ってもらってしのいでいた。

そういうスポットワーカーが、今の外食に大量流入して、多くの外食業が、もはやそれなしには店がまわらなくなってきているのである。

働くほうも、気が楽というか、与えられた仕事を一定時間こなせば、日銭が入る。長く働くつもりはないから、人間関係に気を遣《つか》うこともない。

かくして、スポットーワーク市場は急激に膨張し、外食市場に侵入してきているのである。これは外食業にとっていいことなのか。

いいわけがない。

人を雇う、雇った人を教育・訓練する。一定の期間を経て、できるだけ多くの仕事をこなせる人になってもらう。できれば、外食業の楽しさを知ってもらい、店と会社を好きになってもらい、正社員になってもらう。あるいは、パート・アルバイトとして、長く働いてもらう。

そういう人を一人でも多く育てる。これが本道である。

口で言うのはやさしいが、ここでさんざん苦労してきたが故に、今の外食業があるのである。

外食業はこの苦労の積み重ねの歴史の上に立っている。

この苦労を放棄して楽な道を歩み始めたら、たちまちにして、日本の外食業は瓦解《がかい》してしまう。

今、その岐路に立たされているのである。

私は、こう断言する。

スポットワーカーに過剰依存する外食業に未来はない、と。

楽しく働く人が増えれば、お客は自然に増えていく

外食業は、2つの引きつける力が求められる。

ひとつはお客を引きつける力、もうひとつは、働く人を引きつける力だ。

この2つの力は、密接につながっていて、お客を引きつける力の強いところは、働く人を引きつける力を持っている。

働く人に不人気な会社（店）がお客の人気を得られるはずがない。

当たり前の話だ。

お客にとっていい店とは、料理がおいしくて、店がきれいで、心温まるサービスが店の隅々にまで行きわたっている店だ。

サービスの質は、店長を中心にした教育・訓練によって高められるものだが、決定的な要素は、働く人が店を好きになってくれること、外食の店で働くことを楽しいと思ってもらえること。これに尽きる。

働くことが好きで、楽しければ、スキルは後からついてくる。これはどんな仕事についても言えることだ。

これがうまくまわっている外食業は、人も集まり、その人の仕事ぶりがお客を引きつけるのである。

仕事というものは、キツさを伴うもので、初めのうちは苦役《くえき》である。

しかしそれに携《たずさ》わっているうちに、だんだん興味がわいてきて、楽しさに変わる、さらに、それが極まると、娯楽にまでなる。

仕事はしょせん苦役だよ、と言う人がいるが、それが娯楽になってくれれば、こんな楽しい人生はないではないか。

外食業を盛り上げていくために最も必要なことは、「外食って面白い。これを私の一生の仕事にしよう」と思ってくれる人の数を、増やすことである。日本の外食業は、お客を増やすことに必死だが、職場を楽しくして、働く人を増やすことには、あまり熱心ではない。楽しく働く人が増えれば、店は魅力的になり、お客の数も増える。

そういう店が増えれば、外食全体が盛り上がる。

現実に、それを成長戦略の中心に据えて実践している外食業もある。

ピソラ（本社・滋賀県草津市）という会社がそれである。

郊外型のイタリア料理チェーンで、プリフィクス型のメニューを主力にして、平均月商1300万円。2034年までに、全国に300店のチェーンにしようとしている。

パート・アルバイトを正社員にする道づくりに力を入れている外食業は少なくないが、このピソラは、正社員を「100%、内部からの採用」とすることを目指している。

たとえば、大学生のアルバイトであれば、3年生でターゲットを絞り、全店からその正社員候補を集めて、1年間徹底的に学びや遊びのイベントを遂行する。

そして、翌年の3月（つまり、4年生になる直前）には、内定を出す。4年生の1年間で、店長業務を教えて、卒業して新入社員になったときは、1人前の店長としての技倆《ぎりょう》と知識を身に付ける人材になっている。

23歳の新卒が即店長。年収も460万円が支給される。入社1年で460万円の年収も魅力だが、それだけでは、「ここに骨を埋めよう」という気持は起こらない。

「この仕事、面白いじゃないか、骨を埋める価値がある」。こういう確信が生まれて初めて、入社を決意するのである。

今や、ピソラはパート・アルバイト出身の店長が中心になってきている。

小さい店ばかりつくっても、人は育たない

何よりも驚かされることは、店で働く人が、楽しみながら生き生きとして動いていることだ。

全員が仕事を娯楽にしているとまでは言い切れないが、少なくとも、「ああしんど、早く辞めたいわ」と思って働いている人は、見受けられない。

それがお客に伝わらないはずがない。主婦のグループ客が多いが、この店で食事をし、語り合うことを、心から楽しんでいる。

滞席時間は、2時間半に及ぶというが、ピソラの鬼界《きかい》友則社長は、「それがうちの魅力の表れなのだから、無理に縮めるようなことはしない」と確言する。

ピソラだって猫の手も借りたいときがあるだろうから、もしかしたらスポットワーカー派遣会社を利用することがあるかも知れない。

しかし、派遣されたパート・アルバイトは、働く条件さえ合えば、「ここで腰を据えて働こう」と思うだろう。

そしてもしかしたら、1年後は正社員として働き、3年後はピソラのどこかの店の店長になっているかもしれない。

これは私の想像の域を出ないが、スポットワーカー派遣業を使うならば、それくらいの決意を持ってもらいたい。

つまり、渡り鳥をわが店専業のパート・アルバイトに、さらに一歩踏み込んで、正社員にする、という決意をだ。

店は売り上げを上げるところであり、人を育てるところでもある。

遅滞《ちたい》なく店がまわればそれでいい、というものではない。

店から人が育たなくなった外食業には、未来がない。

さらに言えば、店から育った人材から将来社長が生まれる道があることが理想である。

キャリアパスにその可能性がない会社にも、未来はない。

人材を育てるというからには、育てる人と育てられる人がいなければならない。

だから、ワンオペで稼働する店からは、人は育たない。

いくら店が増えて、売り上げが伸びても、店から人材が生まれないのだから、それは成長ではなく膨張にすぎない。いずれ消失する。

アメリカの外食業がなぜ強いのかというと、店がデカいからである、と私は思っている。

1店当たりの年商も大きいが、それだけに、たとえば1店に店長以下3人の正社員を抱えたりすることができる。

日本のマクドナルドも、スターバックスも郊外ロードサイドにドでかい店をポツポツとつくる。

この大規模店が教育店になり、人材輩出店になる。

日本の外食チェーンは小型化が進んでいるが、随所随所に大型店を持たないと、いよいよ人材が店から生まれなくなる。

そして、スポットワーカー派遣会社への依存がさらに高まっていく。

今に、派遣のパート・アルバイトが、ひとりでまわすチェーンが出てくるかも知れない。

そこから一体何か新しいものが生まれる可能性があるのか。

何ひとつない。

派遣されたスポットワーカーは、ワンオペ業務をこなしながら、外食業だけには就職するまい、という決意を強固なものにしていくだろう。

（2023年9月）

16

アメリカには、ロボットはいなかった。お客の嫌がることはしない

客数増に力を入れるアメリカ。コスト削減に熱心な日本

10月（2023年）の末、たった6日間だが、アメリカの外食業視察の旅に出かけた。ロサンゼルスだけであるが。

アメリカの外食業が元気な理由がわかった。日本の外食業が今ひとつ元気がない理由もわかった。

乱暴にも彼我《ひが》の違いをひと言で言ってしまうと、アメリカの外食業は、客数を増やして売り上げを伸ばすための不断の努力をしている。

これに対して、日本の外食は、コストを減らして、客数減でも利益が出る方向で、こ

れまた不断の努力をしている。

この一点の違いである。

アメリカは、1店の売り上げが伸び続けることに、いちばん力を入れている。売り上げを伸ばす最大の要因は、客数増である。

一方、日本の外食業の経営者の多くが、「このコロナ禍の3年半でいちばん力を入れたことは何ですか」という私の質問に対して、「損益分岐点を下げたこと」と答える。ムダを徹底的にカットして、「従来の8割の売り上げでも、利益が出るようにしました」と、胸を張って言う。

それって、もしかしたらお客が得る価値を減らして企業のペイラインを下げているだけではないのか。

働く人の数を減らしてロボットに代替《だいたい》させて、価格を上げて原価率を下げて、店舗投資を抑えて安普請《ぶしん》の店をつくって、店の改装を極力しないようにして、「売れなくても儲かる」店づくりに邁進《まいしん》しているのではないか。

これを、「筋肉体質にした」と言うのであるが、そこで大事なものを失っているのではないの、という私の疑念は去らない。

で、アメリカの外食業、（主に、郊外のファストフード、ファストカジュアル、テーブルサービスレストランチェーンを見て食べて歩いたのだが）、日本とは真逆の道を突き進んでいる。

店はデカいし（小型チェーンもあるが）、金はかかっているし、改装への投資もしっかり行われているし、キッチンにもフロアにも、こんなに人を使って大丈夫か？と心配になるほど、人を配置している。

そして、ここがいちばん大事なのだが、店で働く人が笑顔を絶やさず、生き生きと、キビキビと働いている。

キッチン内をのぞいてみても、そこまでやるんかい、と驚くほど細かい店舗調理を行っている。

もちろん業態によって、その店舗調理の中身は違うが、ファストフードにだって、ファストカジュアルにだって、ちゃんとプロの調理人がいて、その調理力を発揮して、外食ならではの独自で高度な商品を、店で生み出している。

テーブルサービスは、デジタル導入に慎重

アメリカの外食は、いわば、水をたっぷり含んだタオルである。絞ればいくらでも水がしたたり落ちる。でも、それはやらない。やると、水の中に含まれている栄養分（＝お客が享受《きょうじゅ》する価値）も一緒に漏れ落ちてしまうことになる。そのことがわかっているから、やらない。ムダのように見えて、それがムダではないことを知り抜いているのだ。

日本の外食業は、乾いたタオルをさらに絞るような真似をしているのである。まるで、お客に「来てくれるな」と言うようなコストカットをやり続けているのである。

ここらへんで、考えを根本的に改めないと、価値提供力を下げた外食の市場は、縮小

のスピードを一層早めることになるだろう。

考えてみれば、外食って、ムダと言えばムダなビジネスなのである。ムダという言葉が言い過ぎだとしたら、生活に潤《うるお》いをもたらすぜいたくである。ぜいたくの中身は、フォーマットによって違ってくるが、ファストフードだって、ファストカジュアルだって、ぜいたくと言えばぜいたくである。

素材を買って、家で調理をすれば、安価に食事を摂《と》れるが、たまには、家族で楽しく外食をして豊かな時間を持ちたい、じゃああの店に行こう、ということで、店が選択されるのである。

店はショボい、サービスは無愛想もなにも、人がいない、店舗での加工度の低い料理、雑な盛り付け。こんな店に、たまのぜいたくをしようとする人が足を向けるだろうか。

そろそろ乾いたタオルにたっぷりと水を含ませることに、力を入れるべきではなかろうか。

ここいらへんで気持ちを変え、気合いを入れ直して、お客に喜んでもらうにはどうしたらいいか、また、従業員がハッピーに、生き生きと働き暮らすにはどうしたらいいか、ということに考えを切り替えるべきなのではなかろうか。きっかけさえつかめれば、車輪はよいほうにまわり始める。必要なのは経営者の決断である。

それから、アメリカの6日間で配膳ロボットを使っているテーブルサービスの店は1店も見なかった。

参加者の中で、デニーズで1店見ました、と報告してくれた人がいたが、稼働はしていなかったという。きっと不人気で使うのをやめたのだろう。

卓上の注文タッチパネルを使っている店はあったが、ほとんどの店が従来通りの、人によるオーダーテイク方式を守っていた。

しかし、変化もあって、ファミリーダイニングやカジュアルダイニングチェーンで、卓上精算の端末を使っている店は、結構あった。

ファストフード、ファストカジュアルの変化は、やはりドライブスルー（DT）の徹底強化である。DTをダブルレーンに切り換える店が増えている。こればかりは、敷地が広くなければできないことで、日本では、マクドナルド以外はなかなか真似ができない。

また、イートインを持たないテイクアウト専門のファストフード、ファストカジュアルの新業態も目立つようになった。あくまでも実験の段階であるが、新しい動きである。

しかし、テーブルサービスチェーンは、基本的に従来のまま、つまりアナログ型のままなのである。

デジタル化に無関心なわけではないのだろうが、慎重な姿勢を崩さない。テーブルサービスの基本を崩すようなデジタル化はしない。理由はひとつ、お客がそれを求めていないからだ。

プロの料理人が増えなければ、外食業は成長しない

いちばん驚かされるのは、前述のようにプロの料理人がいて、ちゃんと店舗調理をしているという点だ。

日本の外食業から見ると、ずいぶんと非効率なことをやっている。

でも、それでお客が求めている価値が出せるのであれば、やり続ける。これがアメリカの外食の基本姿勢である。

日本の外食業にとっての最大の危機は、プロの料理人を生み出す力を失ってしまったことであろう。

プロの技術者、あるいは技能者がどんどん減って、しかも隆盛を保っている業界、などというものはない。

今や、食品メーカーや食品スーパーのほうが、よほどプロの料理人の育成に力を入れている。

もちろんゼロではないが、外食のこの育成能力は驚くほど落ちている。

テーブルサービスに限って見ても、ファインダイニング、カジュアルダイニング、ファミリーダイニングで、求められる技能のレベルは違ってくるが、それぞれのレベルでプロは必要である。

そして日本は、それぞれのレベルでプロを生み出す能力を弱めている。

プロの技がなくても料理を提供する力は身につけた（つもりだ）が、お客のほうはその料理に納得していないのである。プロがつくる料理とプロなしでつくる料理とでは、歴然たる差があることを、お客はよく知っているのである。

ファインダイニングの世界でプロの調理人を育成しているのは、一流都市ホテルであるが、それも近年だいぶあやしくなってきた。

宴会需要があるから、洋食部門では自前で人を育てないわけにはいかないが、その力は明らかに衰えてきている。

その証拠に、一流の都市ホテルのメインダイニングの料理長は、そのほとんどが外部（とくに海外）からのスターシェフのスカウトである。

アメリカのレストランを巡って、人間が身につける技能が生み出す価値の大きさを、改めて認識することとなった。

調理の外部化を進めて、店舗調理を最小化して、作業を小分けにして、それをつなぎ合わせれば、素人でもそれなりの料理はできる。

大部分のチェーンは、この道を進んでいるわけだが、そこからは、当たり前の話だが、料理人は育たない。育つ必要がないようにしているのだから、育つわけがない。

しかし、そこには、ひとつの料理をつくり上げる楽しさは、ひとかけらもない。

調理に限らず、店で必要とされるすべての作業が、パーツ化され、単純化され、そのことで仕事をつまらなくしている。

店をオペレートするためには、こちらのほうが容易だろう。

しかし、そろそろ仕事を面白くするにはどうしたらいいか、を考えるべきなのではないか。技能は必要になるが、パーツ化された仕事をもう一度束《たば》ね直して、面白さ、楽しさを生み出す仕事にする方向を探るべきなのではないか。

アメリカの外食で働く人の生気、笑顔、心の余裕を見て、いちばん感じたのは、その点である。


（2023年11月）

17

もう一度、噛みしめよう。チックフィレの9つの深い格言

当り前だが、深い。外食業の急所を衝《つ》いている

私の机の前には、1枚の紙が貼られている。
その紙に書かれた文字を、1日に何度も見る。
この紙には、次の9つの言葉が書かれている。

❶立地が変わったら、店を閉めなさい。
❷安売りはしない。
❸広告、販促はすぐやめる。
❹高単価メニューはやめなさい。

❺キッチンの大掃除をしよう。
❻看板商品の調理を見直そう。
❼店をピカピカに磨こう。
❽駐車場をチェック。
❾働く仲間同士が仲良くなろう。

これは、世界最大のチキンチェーンであるチックフィレ（アメリカ国内でも、マクドナルド、スターバックスに次ぐ第3位の外食業）の、創業以来語り継がれてきた格言である。

「特別なことはひとつも言っていないだろ。でもこれが深いんだよな」。教えてくれたのは、今は亡き大先輩の、井上恵次さんである。

そう、当たり前すぎるのであるが、深いのである。でも、やり続けるとなると、これができない。

❶の立地が変わったら、店を閉めなさい。

これは、そうおいそれとできるものではない。店は簡単に閉められるものではない。

しかし、悪い立地に店があるということは、もう致命的である。立地の欠陥は、他のどんなもの（優位性）をもってしても、補いきれない。

この格言からは、立地は変わるということを学ぶべきだろう。

出店時にベストであった立地も、5年、10年経つと、ベストでなくなる。

高速道路や巨大ショッピングセンターができると、人の流れも車の流れも激変する。

また、古い町に取って代わって若い町が出現すると、外食の市場は後者のほうに大移動する。

新たに出店する場合も、しばしば昔のベスト立地に出してしまうケースがある。実はそのエリアのほぼ全店の売り上げが下降線をたどっている、というケースもある。

ベスト立地である時間は短い。このことをこの格言から学ぶべきであろう。

❷と❸の安売りはしない、と広告、販促はすぐやめる、はどうだろうか。

安売りはしない。

これはわかる。しかし、すぐにやってしまう。一定の効果があるからだ。

しかし、自分の店の価値を絶対的に信じている経営者が、安売りをするものだろうか。

そして、自己の商品に絶対の自信のあるチックフィレはやらない。

販促は、やるときもあるだろう。すぐやめなさい、というのは極端かも知れない。

まったくやらないと、だんだん忘れられてしまうからだ。

でもチックフィレは、やらないのである。最大の販促は、来店してくださったお客に満足していただくこと。つまり、看板商品を磨き込んで価値を上げ、サービスの質を高めること。これに勝る販促はない。その確信がある。

どうして、闇夜に鉄砲を打つようなムダなことをするのか。販促過剰な日本の外食業に、痛烈な疑問を投げかけている言葉だ。

看板商品の調理工程にこそ、手抜きがはびこり易い

❹の高単価メニューはやめなさい。

痛いところを衝く言葉だ。

高いメニューを入れて、客単価を上げようとするのは、日本の外食の悪いクセである。強いチェーンは価格帯が明確である。このことは、私も何度も言ってきた。

これは、得意のゾーンからはずれたところに球を投げるな、と言っている。お客は鋭い選球眼を持っている。そんなつり球にバットを振るほどヤワではないのだ。

これは、❻の看板商品の調理を見直そう、に通じる。

看板商品は、当たり前だがその店でいちばんよく出る。出るからついおごりが生じて、商品そのものを粗略に扱うようになり、調理が雑になる。

何度もつくっていると、正しい調理工程を踏まなくなる。工程が入れ違いになっていたり、省かれたりすることが、よくあるのである。この手抜き工程が常態化していく。

そして、少しずつ少しずつ看板商品の品質劣化が進む。

人間は、最も得意とするところで、致命的な失敗を犯す。そのことを、この格言は教えてくれる。

繁盛店が長く続かないのも、看板商品の調理でひそかに進んでいる手抜きを放置しているからだ。

これは、さらに❺のキッチンの大掃除をしよう、につながっていく。

店は、開店した翌日から経時劣化がはじまる。

とくに、フル稼働しているキッチンの劣化がいちばん激しい。

キッチンの中でも、最も激しく使われる調理機器がいちばん早く傷みが進む。

つまり、看板商品をつくる調理機器がいちばん性能を落とし易い。

性能が落ちれば、もちろん看板商品のレベルが落ちる。

当たり前の話なのに、どこまでもボロボロになるまで使い続ける。

飛行機ならば、消耗の激しい部品は、頻度高く定期的に取り替えられる。

ひとたび故障すれば、決定的な事故になるからである。

ところが、外食業のキッチンの機器は、故障して動かなくなるまで使い続けられる。

機器の性能が落ちて、商品の完成度が落ちていても、お構いなしである。

キッチンの大掃除をしようという言葉は、この使い方の危うさを指摘しているのだと思う。

定期的に取り替えなさい、そうしないと、いつの間にか商品の劣化が進んでいきますよ、とそう言っているのだ。

外食業は、何よりもまず製造業である。キッチンは工場である。清掃が行き届かず、機器の性能が落ちている工場で、レベルの高い商品が生まれるはずはない。

第一に、そこで働く人たちの士気が上がらない。

心をひとつにしたプロたちが最高のパフォーマンスを見せる

❼の店をピカピカに磨こう、はどうだろうか。

外食業としては、当たり前すぎる言葉であるが、私は「働く人の心を磨き続けろ」というメッセージが込められている、と受け取る。

サービスのレベルとクレンリネスは等質である。クレンリネスは行き届いているが、サービスは悪い、などという店はない。

また、薄汚れた店で働く人がキビキビと、生き生きと働いている、などということもない。

床にチリひとつない、トレイに水滴ひとつない、壁に汚れがない。

働く人全員が、店をこういう状態を保とうという心が、完璧なサービスの提供につながる。

チックフィレはファストカジュアルの代表的チェーンであるが、ファストカジュアルは物販型外食だからサービスレスに近い、などと考えるのは、間違いである。

チックフィレは、ファストカジュアルの高い効率性を、お客の満足を高めることにつなげている。

だから、サービスのレベルを上げ、そのベースになるクレンリネスの徹底をどこまでも追求する。

当たり前のことをやり続けるから、チックフィレは、毎年1店当たりの客数を伸ばし、1店で9億5000万円以上の年商をあげる超繁盛チェーンになれたのである。

❽の駐車場のチェックも、鋭い指摘だ。陥し穴は店の外にもあるぞ、お客が最初目にするのは、駐車場の状態だぞ、と警告している。

日本でも、郊外ロードサイド立地主力のチェーンは、駐車場のチェックが比較的行き届いている。

しかし、町中や郊外駅近やショッピングセンター内など、多様な立地に出店しているチェーンは、郊外店の駐車場のチェックが行き届かないケースが多い。

お客の立場に立てば、店の外もその店の一部なのである。郊外ロードサイド店でなくても、店の外への注視を怠ってはならない。

❾の働く仲間同士が仲良くなろう。

締めのこの言葉は、いつも私の心にズシンと響く。深いのである。

店に一歩足を踏み入れると、働く人が仲良くやっている店と、いがみ合っている店とが、瞬時に感知できる。

いがみ合っている店は、席に着いてもどうも落ち着かない。嫌な緊張が店中に流れているので、心がホッコリとしないのである。

改めて、外食業は、とくにテーブルサービスレストランは、心を開く場所なんだな、と思い知らされる。

コロナ禍からこっち、日本の外食業は明らかにゆとりを失っている。

人は減らされる、テイクアウト、デリバリーにも対応しなければならない。

皆、目の前の仕事に精一杯で、一緒に働く仲間をおもんぱかる心の余裕を持てなくなっている。

それに加えて、ロボットの導入である。

「ロボットと私は同じかよ」。ロボットで代替できる仕事に誇りを持つことができるだろうか。できるはずがない。

ロボットの使い方にもよるが、同等に扱われては、働く人の心は冷えていく一方である。

チックフィレのこの最後の言葉は、生産性を高める最良の道は、働く人が和気あいあいと仲良くすることですよ、と教えてくれているのである。

それぞれの特別の技能を持った人たちが集結して、同じひとつの目的に向かったときに、最高のパフォーマンスが発揮できます。そこが、外食業の面白いところです。

このことを、最後の言葉は語っているのである。

（2024年1月）

18

業態力がない店は、客単価が乱高下する

顧客とは、一定の頻度で来店して、ほぼ同じ金額を使ってくれる人

昔、銀座の準高級クラブのオーナーママの話をしんみりと聞く機会があった。そのママいわく、よいお客とは、

・女の子目当てではないお客
・一定の頻度でやってきて、一定の金額を使ってくれるお客
・付いた女の子を平等に扱ってくれて、座持ちのいいお客
・適当な時間に、さっと引き上げてくれるお客
・金払いのいいお客

なるほど。遊びを知った紳士、ということだな。やはり、年の若いお客ではこうはいかない。

こんなお客ばかりだったら、水商売も苦労はいらない。

一方、銀座で長く営業を続けられる店は、というと、

・女の子を売り物にしない
・法外な金を使わせない
・女の子にノルマを課さない
・他店のなじみのお客を取らない
・商売不熱心

最後の商売不熱心というのが、笑わされるが、実際そうなんだという。

「お客さまはどういうわけか、やる気のなさそうな店に行きたがるものなのよ」と、そのママ。

商売熱心がママの顔に出ているような店は、敬遠されるという。

これも、わかる。稼ぎたいという気持ちがビンビン伝わってくるような店には、足を踏み入れたくない。

さて、「よいお客」とは、すなわち顧客ということであるが、クラブのママの言葉に、外食の顧客も、ほぼ当てはまる。

一定の頻度でやってきて、一定の金額を使ってくれて、長居はしない。

つまり、店が望む通りの使い方をしてくれるお客が、いいお客＝顧客である、ということだ。

こういう顧客だけが来店してくれれば、日々平穏で息の長い営業を続けていけるのだが、なかなかそうはいかない。

時々、とんでもないモンスター客が、店の扉を押して入ってくるものなのである。

今、日本の外食を潤《うるお》している、爆買いインバウンド客のなかには、このモンスター客が結構いる。

私の知り合いの中国系オランダ人が、オランダ人の夫と米国住まいの姉を連れて、つい先頃来日し、約1ヵ月滞在したのだが、アムステルダムの持ち家を一軒売ってきた、というだけに、持ち込み現金もデカく、外食費の使い方もなかなか荒っぽいものがあった。

まあ、それでも可愛いもので、都心の大手回転ずしチェーンの店で、3人で100皿近くを食べたとか、和牛ステーキを3人で1000g食べたとか、そんなものである。

店のほうも、この程度の突発的な爆喰い客ならば、平時の営業を続ける力を持っている。

客単価は結果ではない。戦略である

問題は、老舗とか名店とか言われる部類の店であろう。

私が実際に目にしたのは、一定の頻度で通っている、あるすし店での光景であった。

このすし店は、決して高級店ではない。

1人7000〜8000円で収まる、主人がいてみずからが握って供する小体《こてい》な店である。カウンター8席に、6人掛けの追い込み席が1卓。ネタの吟味も下準備も行き届いている。まっとうな店である。

私が行ったときは、唯一の追い込み席にすでに5人のインバウンド客（アジア系）が占拠していて、飲み食い、大声で会話をしていて、宴たけなわである。

私はひとりでカウンターの片隅に腰をかけ、そのグループをそっと観察していたのだが、彼らの注文の仕方を見て、愕然とした。注文するネタが異常にマグロ（中トロ、赤身）に集中しているのである。

主人は淡々と仕事をしているが、内心は穏やかではないだろう。

マグロ、とくに中トロは値段も高いから、客単価も上がって、主人は大喜びであろう、などと思う人は、すし店の経営というものがわかっていない人だ。

出せる数は限りがあるし、すし店にとっては、マグロが切れたらそれで店閉じまいをしなければならないのである。

イカ、タコ、青身、白身、貝類ならばあります、では、すし店は営業はできないのだ。

そこのところを、インバウンドの人たちはわかっていない。

このすし店の主人にとっては、大金を落としてくれるこの5人客は、迷惑なお客なのである。

この5人のインバウンド客は、大満足の体で、大金を現金で支払って、意気揚々と店を去った。

平常営業をかき乱すモンスター客であることは、間違いない。

もちろん、インバウンド客だけではない。日本人でも、バカな注文はする、大騒ぎはする、大金は使う、二度と来ない、という迷惑な客はいくらでもいる。いや、迷惑客のほとんどは、日本人であろう。

外食店は、日々こういうお客との戦いである、と言ってもいい。

前述したように、顧客を増やすということは、店が思う通りに使ってくれるお客を増やすということである。別言すれば、どれだけ法外な金を使うお客を押さえ込むことができるか、そこに店の力量が問われる。

業態力の強い店（チェーン）は、こういうお客の法外な金使いを押さえ込む力を持っている。

これは、客層を絞るということではない。

来店動機を明確にする、と言うべきであろう。

「うちの店は、こういう使い方をしてください」というメッセージを発信する力を持っている店（チェーン）が、強い店（チェーン）ということになる。それが、業態が明確な店（チェーン）ということである。

間違った使い方をするお客を諫《いさ》める力を持っている、という言い方もできる。

別の言い方をすると、同一時間帯（モーニング、ランチ、ディナー）で、お客が使う客単価がバラつき過ぎている店は、業態力の弱い店である。

たとえば、ステーキ専門店のランチタイムで、2000円の客単価のお客がいる一方で、1万円を支払って帰るお客もいる、という店は、営業の大事なものが欠けているのである。

業態力が弱い、と言わなければならない。

メニュー表を開いてみて、店からの明確なメッセージが伝わってこないので、お客もどう使っていい店なのか、途方に暮れているのだ。店のメッセージの弱さが、客単価の大振れという形で表われている。

そもそも、2000円でも使えて、1万円でも使える、というメニュー構成が間違っている。

プライスゾーンが広すぎるのだ。つまり、店（チェーン）側に、こういうときにこういう形で使ってくださいという基本メッセージがない。つまり、来店動機を明確にしようという、意志がない。

客単価というのは、単に売り上げを客数で割った結果ではない。

客単価は店（チェーン）の意志である。

ランチではこれだけいただきます。ディナーではこれだけいただきます。

この意志がまず明確にあって、その上でメニューが構成されて、値付けがなされる。

それがメニュー表で、余すところなく表現されていなければならない。

業態力の強い店は、モンスター客の購買を押さえつける力を持つ

インバウンド客の来襲でかき乱されるのは、主として町中店である。

郊外ロードサイド店は、観光地周辺以外は、そもそもインバウンド客がやって来ない。

インバウンド客の増加を旱天《かんてん》の慈雨《じう》のように喜んでいる経営者が少なくない。

ただ喜んでいるだけならばよいが、なかには平常心をすっかり失って、とんでもない高単価メニュー（例、3000円のラーメン）を出したりしている店もある。

村祭りの日に、店の軒先でイカの丸焼きや焼きそばをトンデモ価格で売るようなことをしているのだ。祭りが終わった後、その店はどうなるか。今まで一定の頻度で利用していた村人は、もう二度とこの店に足を踏み入れることはないだろう。

同じことが、今日本中のいたるところで起こっている。そのことを強く認識しなければならない。

つまり、いちばんこわいのは、顧客に見離されることである。

別言すれば、モンスターの闖入《ちんにゅう》がコアの顧客層を崩壊させているのである。

時流に乗って一発屋的な商売をする人間は、いつの世でもどの世界でも一定比率いる。

しかし、長く商売を続けようと思うのであれば、地元商圏の顧客を大切にすべきである。

つまり、一定の頻度で来店してくれて、一定の金額を支払って去ってくれるお客である。

この顧客を裏切るような商売に手を染めてはいけない。

そうは言っても、来店するモンスターの来店をお断りすることはできない。

そこで発揮されるのが、業態力である。

繰り返すが、うちは、こういう使い方をする店です、という強いメッセージ力（＝業態力）を持つ店（チェーン）は、モンスター客のモンスター的な購買を押さえつける力を持っている。

客単価が大振れしている店は、業態力が弱いのだ、商売の根本が狂っているのだ、ということを認識しなければならない。


（2024年3月）

19

なくなると本当に困るという外食業のなんと少ないことよ

目先の回復に喜んでいるが市場縮小は止まらない

店の売り上げは、客数×客単価で決まるが、市場規模も客数×客単価で決まる。今、外食業全体は、値上げで客単価を上げているから、客数が変わらないのであれば、外食市場の規模は大きくなった、ということになる。

外食店で食事するより他に生きる道がない、というのであれば、客数は減らず、客単価が上がったぶん、市場は確実に大きくなる。

そうなれば、値上げ万歳であるが、実際にはそれと逆のことが起こっている。つまり、外食業全体の客数減である。値上げを嫌っての外食離れが、すごい勢いで進んでいるのである。

つまり、市場の縮小が進んでいるのだ。その理由は、次の3つ。
❶高齢化が進んでいる。
❷人口が減少している。
❸実質賃金は下がっている。
これが日本の現状だから、値上げが許される状況ではないのだが、「どこも上げているのだから、うちも上げても大丈夫だろう」とばかりに、まさに外食全体の価格の底上げが進んでいる。その底上げにお客がついて来られずに、外食離れが進んでいるのだ。

実際に、客単価も上がって客数も増えているチェーンがないわけではない。

今年（2024年）の1月~3月の実績で、2019年比でも2023年比でも、客数が増えているチェーンは、『フードビズ』の集計によると、17社（チェーン）ある。

この中で客数の伸びが大きいチェーンは、山岡家、焼肉きんぐ、丸源ラーメン、すき家、

KFCという顔ぶれだ。

外食には、「ベーシック（日常食）」と「ちょっとぜいたく」と「ごくたまのぜいたく」、この3つの領域があるが、それぞれの領域で客数を増やしたグループが存在する。

「ベーシック」領域では、すき家、サイゼリヤ、マクドナルド、モスバーガー、築地銀だこ、ジョイフル、かつや、が名を連ねている。

値上げに警戒的なところが多い。

注目すべきは、サイゼリヤであろう。

どこまで持ちこたえられるかわからないが、価格死守の姿勢を堅持している。そして、サイゼリヤの客数は、2019年比でも2023年比でも、110％以上の客数増を果たしているのだ。

いかに「ベーシックの外食」の顧客が価格に敏感になっているか、サイゼリヤの店に行けば、手に取るようにわかる。消費者の財布のヒモは固いままなのだ。

「ちょっとぜいたく」市場で客数を伸ばしたのは、山岡家を筆頭に9チェーンある。ここでは、テーブルサービスで頑張っているチェーンが目立つ。

このメンバーを見て気がつくことがある。どこも外食でなければ味わえない価値を提供している。この点で共通しているのだ。

食品スーパーが本格的に外食市場を奪いはじめた

この「ちょっとぜいたく」の外食市場の特徴は、他の食市場（たとえば、食品スーパーやコンビニエンスストア、そして家庭内食事）に顧客が流れていかない点にある。外食でしか味わえない価値を提供している分野なのだから、流出のしようがないのだ。

たとえば、丸源ラーメンや山岡家、焼肉きんぐなどを考えてみればわかる。

商品の中身、サービスを含めた食事の体験で、家庭で味わうことができない価値を提供している。

こういう店は、値上げにも強い。

もちろん、外食の同業者同士の激しい争奪戦があるから、ちょっとでも気を抜けば、アッと言う間にお客は競争店に持っていかれてしまう。また、過度な値上げは、来店頻度を一気に落としてしまう。

外食でしか出せない価値、つまり、店舗調理とサービス力、体験提供力の三拍子が揃っていないと、「ちょっとぜいたく」の外食市場は守り切れない。

その上の「たまのぜいたく」市場となると、文字通り、たまにしか行かない外食だから、元々市場は小さい。

ここは、外食ならではの体験価値がさらに強く求められる領域で、顧客の絶対数が少ない。

やはり、価格にいちばん敏感なのは、「ベーシックな外食業」だ。

ここは生活の中にしっかりと組み込まれた外食であるから、価格が高すぎるとなると、お客はあっさりと外の領域に逃げていってしまう。逃げる先は、次の3つである。

❶ 内食（家庭内調理）

❷コンビニ（のメーカー、ＰＢ商品と、デリ・そうざい）
❸食品スーパー（のメーカー・ＰＢ商品と、そうざい売り場のデリ・そうざい）

この中で、外食にとってもっとも手強い競争相手は、食品スーパーだ。食品スーパーの中の、デリ・そうざい売り場である。

強い食品スーパーのそうざい売り場の商品の品揃えとその品質を、ぜひ体験してもらいたい。

外食対応商品はほぼ全部揃っているし、価格はもちろん外食よりは格段に安く、品質は日進月歩である。

これらのデリ・そうざい商品の価値を知ってしまえば、「外食はもう要らない」、という実感を募らせることになるだろう。

図式的に言うと、ベーシックな外食ＶＳ．食品スーパーのデリ・そうざいという構図だ。この２つが、ひとつの市場（日常食）の激烈な争奪戦を繰り広げているのだ。

そして、外食業は押され気味である。いや敗色濃厚と言っていい。

安易に値上げをしていると、いよいよ外食市場の縮小は速度を早めることになろう。外食グループは、外食というプールの中での価格にばかり気を取られて、強力なライバル（食品スーパー）の実力に無頓着すぎる。

食品スーパーとの実力差は広がる一方

ベーシックな外食業グループは、これからは、食品スーパーのデリ・そうざい売り場の商品を基準にしなければいけない。

まずは、高質な商品を出している食品スーパーを特定すること。

そして、定期的に品揃えをチェックして、実食してみること。そのことをお勧めしたい。彼らの実力を思い知ることだ。

うかうかしていると、外食は総崩れになる、という危機感を持つことになるだろう。

強い食品スーパーは、デリ・そうざいの改革・進化の手をゆるめない。

より良い食材を使うために生産地直結を強め、化学調味料不使用を貫き、工場生産、店舗調理の両方で、部門ごとの手づくり調理をやり続けている。

ベーシックを強めることに徹しているから、売れ筋は変わらない。

新商品の絶えざる投入で、基本商品の力が弱まり、売れ筋が不明瞭になっている外食業グループとは、大違いなのである。

外食がやらなければいけないことを、食品スーパーが日々実践しているのだ。

一方で、強い食品スーパーは、ここは次の成長領域になるな、と思われる商品には力を入れ続ける。当初は、売れ残りが多く、全体の足を引っ張るような商品であっても、じっくり腰を据えて、改善し続けて、少しずつ売れ個数を増やし、基本商品に育て上げる、その努力を怠らない。

多くの外食グループが、価格よりも品質だ、と言う。

可処分所得は高まり、消費者は豊かになっている。だから、品質の高いものであれば、お客はついてきてくれる。これが、今の外食グループの基本的な考えである。

一方、食品スーパーグループはどうかというと、消費者は貧しくなっている、と考えている。そして、これからさらに、貧困化は深まる、でも、ヘルシーで高質なものを求める傾向は強まっていく、という認識だ。

だから、基本姿勢は、品質は上げる、そして価格は守る。

確かに、価格よりも品質だ、と考える外食の顧客はいる。

品質が上がってくれれば、多少の値上げは許容します、という層は存在するだろう。

しかし、これは、先に述べた「ちょっとぜいたくな外食」や「たまのぜいたく」市場に当てはまることであって、日常使いの「ベーシックな外食」で第一に求められるのは、価格なのである。

この市場は、価格を上げると、すぐに客数が減る。つまり市場が小さくなる。

実際に、「ベーシック外食」市場に身を置くチェーンの客数が頭打ちである。

一般的には、高齢化、人口減が原因と考えられている。

これに加えて、食品スーパーへの顧客流出が加わる。コロナ明けで、「ちょっとぜいたく」

な外食の回復が脚光を浴びている一方で、外食市場の基底部を形成するベーシック市場が崩れている。この崩壊は、深刻だ。

ベーシックというのは、ライフラインと言い換えてもいいだろう。それがなくては生きていけないようなものである。

コンビニや食品スーパーがなくなると、国民の生活にかなりの支障をきたす。つまり、ライフライン度が高い。

しかし、「ベーシックな外食」が今なくなったらどうだろう。

「若干不便になったな」くらいの影響しかないのではないか。

コンビニや食品スーパーのライフライン度に比べると、その度合いはかなり低い。

そのライフライン度の低さこそが、日本の「ベーシックな外食」市場の弱さそのものである。

「あって便利」ではなくて、「なくては困る」存在にならなければ、ベーシックな外食市場の縮小は止められない。

（2024年5月）

20

値上げすれば、働く人の待遇が改善される、はウソ

客数が回復しているところは、ごくわずか

「少しお値段を上げてくださって結構ですから、もうちょっと質、を上げていただきたいですね。そうしたらもっと来ます」

このような「お客さまの声」を信じてはいけない。

そのお言葉に甘えて、ちょっと、値段を上げると、もう来ないのである。

「食材の質も上げたはずなのに、どうして？」と首を傾《かし》げる経営者がいるが、そんな「消費者の声」に耳を傾けること自体が間違っている。

「上げたら来ない」、このことを肝に銘じておくべきだ。

私は何度も指摘しているが、2023年後半から外食全体はコロナ後バブルの恩恵にあずかった。

大方の外食で客数が戻った。すごく戻ったところと、ほんの少し戻ったところと、差はあったが、とにかく戻った。

強気の値上げをしたところも、客数が減らなかった。それに気を良くして、「じゃあ、うちも」ということで、外食全体がなだれを打って、値上げの波に乗った。

今はどういう状況かというと、値上げのおかげで客単価が上がり、売り上げは2019年比で100%をキープしているものの、客数は2019年比で未達なところが多い。たとえば、回転ずしチェーン。

大手4チェーンの、2019年比の客数はというと、今年（2024年）1月〜6月の平均で、次のようになっている。

・スシロー　84・7%

・くら寿司　84・9%

・かっぱ寿司　83・3％
・元気寿司　93・8％

2019年比で、客数は100％に達していないのである。回転ずしチェーンに限ったことではない。客単価は上がった（上げた）けれども客数は伸びていない。これが、今の外食業界の実情である。

一方、2019年比で、客数を2ケタ伸ばしているチェーンが3つある。ラーメンの山岡家と、ファミリーレストランのサイゼリヤと、ジョイフルの3つ。

山岡家は、客数比で178・0％、売上高比では196・8％と図抜けている。外食業界の怪物と言っていいだろう。

山岡家の突出した強さには、ちゃんと理由がある。その理由とは、コロナで右往左往しなかった。店舗調理力を上げ、高い品質を守り、イートインのお客を大事にした。これに尽きる。

信頼を得、顧客の来店頻度が高まり、新しいお客がついた。

特別の宣伝をしたわけではない。広告を打ったわけでもない。

やるべきことを地道《じみち》にやり続けて、今のブランド（と言っていいだろう）を獲得したのである。

創業者が質素なチェーンが強い

サイゼリヤも同じだ。コロナでバタバタしなかった。

元々このチェーンは、宣伝、広告には見向きもしない。

価格を守り、品質を守ったことで、2019年比で客数が2割以上も伸びている。サイゼリヤは、どの店に行っても、客数増でパンパンなのである。

今年1月～6月の2019年同月比では、売り上げで128・0％、客数で113・2％である。

これに次いで強いのが、ジョイフルである。このチェーンも、売り上げでは2ケタ伸びている。この2つの低価格チェーンが突出している、というのは象徴的である。強さの核心は、やはり価格力である。

お客の価格意識はより鋭敏になっているということだ。

というよりは「外食はもう行けない」と感じている国民が増えているのだ。

サイゼリヤもジョイフルも、冒頭の「消費者の声」なんかに、いっさい惑《まど》わされない。

「値上げしたら、来なくなる」ことを、知り抜いているのだ。

山岡家とサイゼリヤとジョイフルに共通していることがひとつある。

創業者が質素である、という点だ。山岡家の山岡正会長もサイゼリヤの正垣泰彦会長も、現役であるが、ともにぜいたくな暮しはしない。

両人とも、今やたいへんな金持ちであるが、山岡会長は、今もスープづくりの浸透のために、自分で車を運転して各エリアを奔走《ほんそう》している。

だいぶ昔だが、正垣氏が、「イタリアにはもちろん何度も行くが、（飛行機は）いつもエコノミーしか使わない」と言っていた。また、「僕のぜいたくは、サイゼリヤでワインを飲みながら、仲間と歓談することだ」とも言っていた。

大チェーンの創業者なんだから、ビジネスクラスで行ってもよろしいのではないか、と私は思ったものだ。

質素ということでは、ジョイフルの創業者、穴見保雄氏もそうだった。氏は2022年1月に、86歳で亡くなられたが、ぜいたくのぜの字もしなかった。

亡くなる半年前に取材したが、取材後にジョイフルが経営する郊外喫茶店、並木街珈琲でご馳走をしてくれた。

本部から店に行くのにも、かなり使い込んだ国産車を自ら運転をして行った。

ジョイフルとアメイズ（格安ホテルチェーン、ホテルAZをチェーン化）という分野の異なるビジネス2つを福岡証券所に上場させた創業の神様のような人だが、（もしかしたら、日本の外食産業史で最も評価されなければいけない人かも、と私は思っている）ぜいたくとは無縁の人生を全《まっと》うした。

並木街珈琲は、安めの郊外喫茶店なのであるが、「こういう高い店を（ジョイフルが）やってはいかんのだよ」とつぶやいたのが、強く印象に残っている。

質素な生活を送って、ビジネスと密着した生き方をしているから、消費者の本音がよくわかる。消費の変化にも敏感でいられる。

「お高くなっても、品質さえ上がれば」などという言葉は、お体裁で言っているのであって、大衆の本音は「もっと安く」なのである。そのことを知り抜いている。

成長だけが働く人の給与を上げる

一般的に言って、ハングリーな中で外食業を立ち上げた経営者も、軌道に乗ってくると、自分の生活にぜいたくが入り込んでくる。

年を取るにつれて、生活レベルが上がってきて、価格意識は弱まってくる。

それは、実は私も日々感じていることである。スーパーで買い物をしても、外食をしても、最近レシートを見なくなっている。

私の場合、ぜんぜん金持ちになったわけではないのだが、それでも、昔に比べると価格に無頓着になっているのである。また、あのキャッシュレスというのがクセ者である。いくら払ったか、憶えていないのだ。

外食の経営者も、行く店が変わってくる。着る物が変わってくる。食べるものが変わってくる。付き合う人間が変わってくる。

この付き合う人間が、余計なアドバイスをするのである。

「君んとこの店ね、もうちょっとレベル上げてくれたら、毎日でも行くよ」などと平気で言う。

こんなことを会うたびに聞かされていたら、「そうかな」と思ってしまうのも道理である。

鋭い価格意識を持っていた経営者が、自店バージョンアップ（と値上げ）に手を染め、見事大敗を喫したケースを、私はいくらでも知っている。

生活を上げるな、地べたにはいつくばって、消費者の本音に触れ続けろ、と私は声を大にして言いたい。

ＥＤＬＰ（エブリデイ・ロー・プライス）の低価格スーパーのそうざい、弁当売り場を見に行ってほしい。こんな安い値段でしのぎを削り合っているのか、と愕然《がくぜん》とするはずである。

お客も見てほしい。特別貧しい人が来店しているわけではない。ふつうの消費者が、1円でも安いものを求めて、スーパーを厳選して来店しているのである。

国民は貧しくなっている。この現実を直視しないと、外食市場全体の客数減にさらに拍車がかかることになる。

値上げの理由として、「働く人の待遇を改善するために」という言葉がよく発せられる。しかし、高い値段を取っている店の従業員の待遇がいいかと言うと、そんなことはない。

ＥＤＬＰを掲げているオーケーストアの利益率は、業界最高である。

世界最大の小売業であるウォルマートは、ＥＤＬＰの元祖であり、創業以来その看板を降ろしたことは一度もないが、従業員の給与は業界でも群を抜いている。

すしでも和食でもフレンチでも何でもいい、超高級と言われる店の従業員の待遇がいいですか。むしろ、劣悪な環境で働かされていることのほうが多い。「まだ、修業の身だから」と言われ続けて。

結局、給与を上げ、待遇をよくするには、成長を手に入れるしかないのである。

そして、その成長の原動力は価格である。

これは、小売業も外食業も同じだ。価格競争力のないところに、成長はない。

そして、成長だけが、働く人を豊かにする。

と、ここまで言ってきて、腰くだけのようなことを言うが、食材の高騰、とくに牛肉の高騰にはびっくりしている。円安が是正されない限り、抜本的な解決策はない。

ハンバーグ店もステーキ店も、大変だ。

とくに、低価格で戦う牛丼チェーンは、今の価格を守れないのではないか。こういう切迫した事情をすべて飲み込んだ上で、私は、価格を守れと言い続けているのである。

（2024年7月）

本書は外食経営誌『フードビズ』連載の巻頭提言をまとめたものです。
（とくに但し書きがない場合は、数字等は連載掲載時のものです。）

神山 泉（かみやま いずみ）

外食経営誌『フードビズ』主幹。㈱エフビー代表取締役。1947年生まれ。1972年早稲田大学法学部卒業後、㈱柴田書店入社。2002年7月㈱エフビーを設立し、翌1月『フードビズ』を創刊。雑誌編集者として50年以上にわたり日本の外食業界をつぶさに取材。草創期から現在に至る日本外食産業史の生き証人である。『フードビズ』の執筆や講演において展開する外食業への論評・提言は、外食経営者の指針となるものとして高い評価を得ている。著書に『直言よみがえれ日本の外食』、『外食業・究極の成功セオリー』（エフビー刊）がある。

外食業・これだけやれば強くなる

2024年9月30日 第1刷発行

著　者　　神山　泉
発行者　　野本信夫
発行所　　株式会社エフビー
〒102-0071　東京都千代田区富士見2-6-10-302
e-mail　books@f-biz.com
URL　https://f-biz.com/
振替00150-0-574561
印刷・製本所　株式会社 暁印刷
ブックデザイン　安藤葉子（COMO）

ISBN　978-4-903458-18-2

神山 泉の本

外食業・究極の成功セオリー

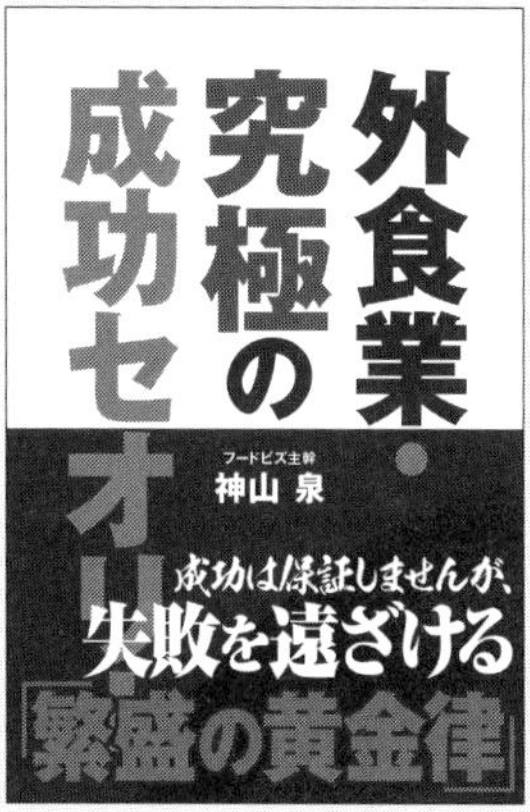

四六判並製　定価：1500円＋税

神山 泉 著

外食経営雑誌『フードビズ』主幹が、45年の取材から成功事例の要因を抽出した外食業経営の極意を集大成。チェーン店も個人店も外食に関わるすべての人に役立つ普及の名著。外食業経営者必読のロングセラーである。